Postmoderne

eva wissen

Roger Behrens,
geboren 1967, lehrt unter anderem an der Universität Hamburg und der Leuphana Universität Lüneburg. Zahlreiche Veröffentlichungen zur kritischen Theorie der Massenkultur, Popmusik und Sozialphilosophie. Buchpublikationen u.a.: ›Krise und Illusion‹ (2003), ›Die Diktatur der Angepassten‹ (2003), ›Adorno-ABC‹ (2003), ›Verstummen. Über Adorno‹ (2004). Bei EVA erschien in der Reihe eva wissen: ›Kritische Theorie‹ (2002).

Roger Behrens

Postmoderne

eva wissen

Europäische Verlagsanstalt

»Die Märchenerzähler haben nicht berücksichtigt, dass das Dornröschen von einer dicken Staubschicht bedeckt erwacht wäre.«

Georges Bataille, ›encyclopaedia acephalica‹

Für Dich!

Inhalt

Begriffe
6 Zum Anfang: Nach der Postmoderne ist vor der Postmoderne
12 Die postmoderne Moderne

Theorien
20 Grundlagen
29 Widerstreit
34 Oberflächen und Kraftlinien
38 Differenzen
43 Der Mensch, die Macht und die Anderen

Kunst und Ästhetik
49 Ästhetik nach der Kunst
54 Kunst nach der Ästhetik

Leben in der Postmoderne
67 Die postmodernen Jahre
73 Postmoderne Gesellschaft

Nachwirkungen
86 Kritik

Anhang
92 Literatur

Zum Anfang: Nach der Postmoderne ist vor der Postmoderne

Seit den achtziger Jahren ist der Begriff Postmoderne aus dem universitären, aber auch dem alltäglichen Sprachgebrauch nicht mehr wegzudenken. Aber mit einer genauen Definition tun sich selbst die postmodernen Theoretiker schwer. Fest steht nur, dass sie mit der Moderne als Epoche in enger Beziehung steht. Die Frage ist nur: in welcher Weise?

Am Nullpunkt der Moderne, die Postmoderne

Zwei Tage nach den Terroranschlägen am 11. September 2001 war in derselben Ausgabe der ›Frankfurter Rundschau‹ (13.9.2001) vom Anfang wie vom Ende der Postmoderne zu lesen. Die Art und Weise, wie – immerhin zur Jahrtausendwende – die Postmoderne in den Zusammenhang mit den verheerenden Anschlägen, ihren Ursachen und Folgen gebracht wurde, ist bezeichnend für die Bandbreite der Diskussionen um die Postmoderne.

In einem Interview postulierte der Terrorismus-Experte und Londoner Professor für War Studies, Lawrence Freedman, dass mit den Anschlägen der postmoderne Krieg begonnen hätte. »Diese Attacken haben keine physischen Konsequenzen, nur menschliche, und sind letztlich Attacken auf Symbole amerikanischer Macht. In diesem Sinne kann man sie ›postmodern‹ nennen: Sie betreffen Symbole und Identitäten, sie suchen auf ihre Art etwas zu signalisieren, und niemand behauptet, dass sie Teil einer rationalen Strategie wären.« (FR, 13.9.2001)

Kurz vor den Anschlägen hatte der Philosoph Jean Baudrillard behauptet: »Das Jahr 2000 hat nicht stattgefunden.« Das 20. Jahrhundert sei ein Gefängnis der Zeit gewesen; Anfang und Ende der Moderne fielen zusammen, die Geschichte sei zum Stillstand gekommen. – Für Baudrillard sind die beiden Türme des World Trade Center in New York die Ikonen, die diesen Befund symboli-

Ground Zero in New York, nach dem 11. September 2001 –
Anfang oder Ende der Postmoderne?

sierten: Oberflächen, die allein sich selber spiegeln, das Ende der Geschichte einer nur noch simulierten Moderne. Der Philosoph und Redakteur Christian Schlüter sieht Baudrillards zynischen Befund durch die Terroranschläge indes widerlegt, vielmehr sei die Postmoderne, samt ihrer »Unerträglichkeit des selbstgenügsamen Unernstes ... vorbei. Die Zäsur einer neuen Zeit, des 21. Jahrhunderts, verläuft nicht an der Peripherie, sondern im Zentrum der Macht.« (FR, 13.9.2001)

Die beiden Thesen, von denen in der Zeitung zu lesen war – Ende der Postmoderne und der erste postmoderne Krieg –, stehen nur scheinbar im Widerspruch zueinander. Vielmehr geben sie Hinweise auf die Dimensionen und die Tragweite der Postmoderne-Diskussionen. Ob es sich bei der Postmoderne um eine *Theorie der Moderne* handelt oder um einen *Zustand der Moderne*, lässt sich kaum entscheiden – eine Unentschiedenheit, die für die Definition der Postmoderne ausschlaggebender ist als eine abschließende, fest umgrenzte Begriffsbestimmung. Paradox zugespitzt: Postmoderne ist ein ambivalenter Begriff, der genauso ambivalent ist wie die postmoderne Zeit, die schließlich die Postmoderne hervorgebracht, verbreitet und zur Mode erklärt hat. Die Unmöglichkeit einer eindeutigen Definition der Postmoderne ist zugleich ihre einzig mögliche Definition. Alles als »postmodern« zu bezeichnen, ist selbst schon eine *postmoderne Haltung*. Genauso, wie es eine *postmoderne Kritik* sein kann, diese Unmöglichkeit der Definition als *postmoderne Situation* zu begreifen. Dabei geht es schließlich nicht nur um das *Wort* Postmoderne und dessen modischen, leichtfertigen Gebrauch als Schlagwort für beliebige Phänomene oder eine Rhetorik, die sich nicht auf Positionen festlegen will, sondern um ernsthafte Probleme, mit denen wir gegenwärtig konfrontiert sind, die als *Struktur* wie *Ideologie* der Postmoderne gelten können.

> »Unglücklicherweise ist ›postmodern‹ heute ein Passepartoutbegriff, mit dem man fast alles machen kann. Ich habe den Eindruck, dass ihn inzwischen jeder auf das anwendet, was ihm gerade gefällt.«
> Umberto Eco, ›Nachschrift zum »Namen der Rose«‹

Einige grundsätzliche Schwierigkeiten der Definition der Postmoderne

Die Schwierigkeit, sowohl Postmoderne wie im Übrigen auch Moderne inhaltlich präzise zu fassen, betrifft mithin nicht nur den Inhalt der Diskussionen, sondern ebenso ihre Form: Die wissenschaftlichen Methoden haben sich geändert, der Anspruch auf Wissenschaftlichkeit selbst wurde in Frage gestellt, die Grenzen zwischen den Disziplinen wurden überschritten, die Philosophie verlor endgültig ihre übergeordnete Stellung innerhalb der Wissenschaften, und ausgerechnet die Literaturwissenschaft bezog innerhalb der Debatten eine Vorreiterrolle.

Auch der Versuch einer geschichtlichen Datierung der Postmoderne ist bei der Begriffsbestimmung nicht unbedingt hilfreich. Man kann sagen: Die letzten dreißig Jahre des vergangenen Jahrhunderts können als das Zeitalter der Postmoderne bezeichnet werden. Aber genau genommen bleibt die historische Bestimmung der Postmoderne ebenso diffus wie die begriffliche Definition. Das bedeutet aber nicht, dass man über die Postmoderne nichts sagen kann; vielmehr verweisen diese Schwierigkeiten auf grundsätzliche Probleme der Zeit, von der sich die Postmoderne kritisch absetzt. Das heißt, es geht nicht nur darum, etwa zu klären, ob die Postmoderne die Moderne ablöst oder ob die Postmoderne die Moderne fortsetzt, und wann sie dieses oder jenes tut, sondern darum, ob der Zeitbegriff, die Geschichtsvorstellung, das moderne Denken in Epochen, überhaupt aufrechterhalten werden kann. Mehr noch: ob nicht das mögliche Ende der Moderne zugleich ein Ende der Geschichte und sogar einen Stillstand der Zeit bedeuten könnte – und somit eine Datierung der Postmoderne genauso wie eine Definition nachgerade sinnlos wird.

Die Skyline von New York; für Jean Baudrillard waren die Zwillingstürme des World Trade Center »Ikonen der Moderne«. – »Ich bin auf dem Wege des theoretischen Terrorismus. Ich sehe keine andere Lösung.«

Jean Baudrillard, 1983

Postmoderne als redigierte Moderne

Das Problem der Postmoderne ist zunächst weniger sie selbst und ihre Definition, sondern die Moderne. Postmoderne Theorien diagnostizieren für die Moderne: Die Freiheiten und Sicherheiten des modernen Individuums bedeuten die Zunahme seiner Unfreiheit und Unsicherheit; die wissenschaftlichen und technologischen Entwicklungen der Moderne sind keineswegs nur ein Fortschritt, sondern haben sich als unberechenbare Bedrohung der Menschheit herausgestellt. Die Postmoderne ist inso-

»Die Postmoderne wäre eher eine Krise dieses Projekts der Moderne selber.«

Andreas Huyssen, ›Postmoderne – eine amerikanische Internationale?‹

fern der diagnostische Reflex auf das offenkundige Scheitern der Moderne. Doch Postmoderne reflektiert nicht nur die Ambivalenzen des Modernisierungsprozesses, sondern stellt die Prinzipien dieses Prozesses selbst in Frage: Für Jean-François Lyotard bildet Auschwitz, der planmäßige Massenmord an den europäischen Juden, die Signatur des Zivilisationsbruchs, der so einschneidend ist, dass das »unvollendete Projekt der Moderne« (wie es der Soziologe Jürgen Habermas verteidigt) nicht mehr fortgesetzt werden kann. Vielmehr müsste die Moderne redigiert, das heißt *umgeschrieben* werden.

> »Es ist das eigentlich Verführerische am postmodernen Diskurs: dass er, auf die Probe gestellt, unüberprüfbar wird.«
>
> Gérard Raulet, ›Leben wir im Jahrzehnt der Simulation?‹, in: Peter Kemper (Hg.), ›»Postmoderne«. Oder der Kampf um die Zukunft‹

Und wenn Lyotard hier vom Schreiben spricht, so ist das wörtlich zu nehmen: Die Moderne gründet in der Schriftkultur, in der Idee einer Logik, die mit Vernunft und Sprache gleichermaßen verbunden ist (›lógos‹). Zwar gehört zur Moderne ihre Selbstkritik dazu, doch bleibt diese Reflexion gewissermaßen in der Logik der Moderne, nämlich in ihrem Text gefangen: in den Gesetzen, in der Philosophie, in ihrer Geschichtsschreibung etc. Die Postmoderne stellt nun die Logik der Moderne in Frage, indem sie in diese Texte eindringt. Denn die Katastrophe der Moderne folgt einer Logik, die es mit ihren eigenen sprachlichen Mitteln nicht mehr ermöglicht, ihre Geschichte weiter zu erzählen. Für Lyotard ist deshalb Auschwitz das Nicht-Darstellbare, das mit keiner Sprache der Moderne begriffen oder ausgedrückt werden kann.

Gleichzeitig, so lässt sich mit Jean Baudrillard kontrastieren, ist die postmoderne Welt die durch das Fernsehen hergestellte Welt, in der permanent alles seinen medialen Ausdruck findet, in der die Wirklichkeit bloß noch simuliert wird und ungewiss ist, ob es das, was wir Realität nennen, überhaupt jenseits der medialen Simulation gibt. Die Welt bestehe nur noch aus Oberflächen der Simulation; Baudrillard hat dies für den 11. September in einem zweifelhaften Zynismus kulminieren lassen, indem er mutmaßte, dass die Terroranschläge auf die sowieso nur simulierte Realität der Twin Towers vielleicht gar nicht stattgefunden haben. (Jean Baudrillard, ›Der Geist des Terrorismus‹, Wien 2002)

Nach der Postmoderne ist vor der Postmoderne. Der Begriff der Postmoderne hat in seinen unterschiedlichen Fassungen und Varianten mehr Probleme hervorgebracht, als er zu lösen vermochte. Und gerade die gefährlichen und zynischen Positionen von Jean Baudrillard auf der einen Seite sowie die kritischen reflektierten Positionen von Jean-François Lyotard auf der anderen Seite unterstreichen die Notwendigkeit, den Begriff und die Diskussionen der Postmoderne in allen Facetten zu differenzieren.

»Das Moderne ist wirklich unmodern geworden.«
Theodor W. Adorno, ›Minima Moralia‹

Der Begriff »Postmoderne« ist schillernd und widersprüchlich: Einige haben die Postmoderne als neue Epoche proklamiert und zum Teil zynisch die Moderne vollends abgelehnt. Andere versuchten im Sinne einer kritischen Postmoderne die reflektierte Fortsetzung und Neubegründung der Moderne. Die Schwierigkeit der Definition der Postmoderne erscheint dabei selbst als Indiz der Postmoderne.

Die postmoderne Moderne

Den unterschiedlichen Theorien der Postmoderne gemeinsam ist ihr kritisches Verhältnis zur Moderne. Es geht um eine radikale Pluralisierung der modernen Kultur und Gesellschaft.

Die Postmoderne, das Postmoderne, der Postmodernismus, die Vorsilbe ›Post‹

Heißt es *die* oder *das* Postmoderne? Ist es die postmoderne Moderne oder die moderne Postmoderne? Gibt es Postmodernismus? Bedeutet die Postmoderne einen Zustand oder eine Haltung? Gibt es mehrere Postmodernen? Ist die Postmoderne ein Zeitpunkt oder eine Tendenz, ein Zeitraum, ein Geschichtsabschnitt oder ein überzeitliches Phänomen? Bezeichnet die Postmoderne eine Epoche, beschreibt sie sogar einen Paradigmenwechsel? Ist die Postmoderne »gemacht« worden, oder folgt sie einer »verborgenen Logik« der Moderne? Kann man das Postmoderne sehen, ist es anschaulich, manifestiert es sich in Verhältnissen und Gegenständen? Oder ist die Postmoderne eine Struktur, die sich abstrakt, hinter dem Rücken der Menschen durchsetzt? Und ist die Moderne auch eine Struktur, oder unterscheidet sich genau darin die Postmoderne von der Moderne? Ist denn die Postmoderne überhaupt von der Moderne zu unterscheiden? Was geschieht mit der Moderne in der Postmoderne? Leben wir noch in der Postmoderne, beziehungsweise was kommt nach der Postmoderne?

Der Fragenkatalog könnte fortgesetzt werden; und für jede Frage finden sich unzählige Antworten, die sich nicht selten widersprechen. Fest steht lediglich, dass mit »Postmoderne« ein Bruch in der Geschichte der Moderne bezeichnet wird, der so tief geht, dass die bisherigen Motive, Muster und Maßgaben der Moderne

> »Freiheit, Gleichheit, Brüderlichkeit war der Schlachtruf der Moderne. *Freiheit, Verschiedenheit, Toleranz* ist die Waffenstillstandsformel der Postmoderne. Und wenn Toleranz in *Solidarität* umgewandelt wird, kann sich Waffenstillstand sogar in Frieden verwandeln.«
>
> Zygmunt Bauman, ›Moderne und Ambivalenz. Das Ende der Eindeutigkeit‹

grundlegend überdacht, neu formuliert, wenn nicht aufgegeben werden müssen.

Die kritische Stellung der postmodernen Theorien zur modernen Wissenschaft erschwert eine wissenschaftliche Begriffsbestimmung ebenso wie der inflationäre Gebrauch der Vorsilbe ›Post‹ sowie die Reduzierung des Postmoderne-Begriffs zum beliebigen, konturlosen Schlagwort. Plötzlich, mitten in den achtziger Jahren des letzten Jahrhunderts, war alles »postmodern«, und zwar nicht nur die Philosophie und die Künste, sondern das Alltagsleben, die Arbeit, die Liebesbeziehungen, die Wohnungseinrichtungen, der Urlaub, die Freizeit, das Essen, die Kleidung und sogar die Naturgesetze. Die Vorsilbe ›Post‹, die erst einmal nur ein zeitliches ›Nach‹ bezeichnen sollte, konnte an jedes Wort gehängt werden: Es gab nicht nur das postindustrielle Zeitalter, das postmetaphysische Zeitalter, die Posthistoire, den Postfordismus, sondern den Postmarxismus, den Postkommunismus, den Postrock, den Postfeminismus, die ›Postcolonial Studies‹, den Postpunk, die postavantgardistische Kunst, den Postrealismus, den Poststrukturalismus und schließlich den Post-Postmodernismus.

»Es deutet alles darauf hin, dass das, was wir Postmoderne nennen, nicht abzutrennen und nicht denkbar ist ohne die grundsätzliche Annahme eines fundamentalen Wandels der Kultur in der Welt des Spätkapitalismus, das heißt einer folgenschweren Veränderung ihrer gesellschaftlichen Funktionsbestimmung.«

Fredric Jameson, ›Postmoderne – Zur Logik der Kultur im Spätkapitalismus‹

Begriffsgeschichte

Das Wort »Postmoderne« taucht schon im 19. Jahrhundert auf. 1870 spricht der englische Salonmaler John Watkins Chapman von einer »postmodernen Malerei«. 1917 benutzt Rudolf Pannwitz das Wort »postmodern« in Anlehnung an Friedrich Nietzsches Kulturkritik. Der spanische Literaturwissenschaftler Federico Oníz nennt 1934 die spanisch-lateinamerikanische Literatur zwischen 1905 und 1914 »Postmodernismo«. Die gegenwärtige Phase der abendländischen Kultur bezeichnet der Historiker Arnold Toynbee 1947 als »post-modern« (und diese Phase beginnt bei ihm bereits 1875). Irving Howe, Harry Levin und andere Literaturwissenschaftler führen den Begriff dann 1959 in die Diskussion ein.

Bekannt wird der Begriff schließlich durch Leslie Fiedler. Parallel zu den Entwicklungen, die im Namen der Pop-Art die bildenden Künste erschüttern, kritisiert auch Fiedler 1969 in seinem Aufsatz ›Überquert die Grenze, schließt den Graben!‹ die überkommenen elitären Ansprüche einer Hochkultur und plädiert stattdessen für einen produktiven Umgang mit populärer Massenkultur und Konsum. »Fast alle heutigen Leser und Schriftsteller sind sich – und zwar effektiv seit 1955 – der Tatsache bewusst, dass wir den Todeskampf der literarischen Moderne und die Geburtswehen der Post-Moderne durchleben.« Leslie Fiedler veröffentlicht seinen programmatischen Text ausgerechnet im – übrigens erst 1953 gegründeten – ›Playboy‹ (die deutsche Übersetzung erschien indes in ›Christ & Welt‹).

»... der sportlich gestählte nationalistisch bewusste militärisch erzogene religiös erregte postmoderne mensch ist ein überkrustetes weichtier einem juste-milieu von décadent und barbar davon geschwommen aus dem gebärerischen strudel der groszen décadence der radikalen revolution des europäischen nihilismus.«
Rudolf Pannwitz, ›Die Krisis der europäischen Kultur‹

Dieses Verständnis der Postmoderne, das heute nach wie vor noch aktuell ist, reflektiert nicht nur auf die frühe Popkultur der sechziger Jahre, die in Underground, Beat-Generation, Rock'n'Roll und Woodstock, Black Power und Soul ihren Ausdruck findet, sondern ebenso – und damit verknüpft – auf die studentische und subkulturelle Protestbewegung der damaligen Zeit.

Ohne Resonanz blieb indes der Versuch des von der amerikanischen Underground-Literatur begeisterten Schriftstellers Rolf Dieter Brinkmann, Fiedlers Thesen und den Begriff der Postmoderne schon Ende der Sechziger im deutschsprachigen Raum bekannt zu machen. Für eine Kontroverse sorgte Ihab Hassan, der 1973 auf einer Tagung in Berlin Samuel Beckett als »Post-Modernen« verteidigte. Erst als sich abzeichnete, dass die Abgrenzung der Hochkultur von der Massenkultur nicht länger haltbar war und das Interesse am Pop und an Subkulturen größer wurde, konnte über den französischen Umweg der Postmoderne-Begriff schließlich für eine breitere Debatte fruchtbar gemacht werden.

Nicht nur die frühe Popkultur kann als Vorbotin der Postmoderne verstanden werden; vor allem in der Architektur, mit der sozusagen Ideen zu Stein werden, äußerte sich früh eine Kritik an den (Bau-)Prinzipien der Moderne, insbesondere in Hinblick auf den Funktionalismus und die politischen Repräsentationsbauten der modernen Architektur. So sprach Joseph Hudnut 1949 das erste Mal von einem »Post-Modern House«, jedoch nur im Titel eines Aufsatzes, ohne den Begriff weiter auszuführen. Der Architekturtheoretiker Nikolaus Pevsner gebrauchte den Begriff Anfang 1967, allerdings als negatives Etikett, um die Moderne zu verteidigen. Wichtig wird der architektonische Postmoderne-Begriff 1975 durch einen Zeitschriftenaufsatz von Charles Jencks (›The Rise of Post-Modern Architecture‹), wobei Jencks die postmoderne Kritik des Elitären von Fiedler übernimmt. Mit seinem Buch ›Die Sprache der postmodernen Architektur‹ macht Jencks 1977 (dt. 1980) schließlich den Begriff endgültig bekannt.

»Die Moderne kann und will ihre orientierenden Maßstäbe nicht mehr Vorbildern einer anderen Epoche entlehnen, sie muss ihre Normativität aus sich selber schöpfen. Die Moderne sieht sich, ohne Möglichkeit der Ausflucht, an sich selbst verwiesen.«

Jürgen Habermas, ›Der philosophische Diskurs der Moderne‹

Der Postmoderne-Begriff ergibt sich also nicht aus einem antimodernen Impuls, sondern aus einer ambivalenten Dynamik der Moderne, nämlich gewissermaßen aus der Subversion und Selbstbehauptung der Massenkultur und der populären Künste sowie aus einer Krise der bürgerlich-modernen Hochkultur, einschließlich ihrer elitären Ideale, deren Verwirklichung in den Vernichtungsnächten zweier Weltkriege scheiterte. Der moderne Kanon von Kunst und Kultur konnte keinen Vorrang gegenüber einer pluralen und emanzipatorischen Massenkultur mehr beanspruchen; die Pop-Art und der literarische Underground hatten vorgemacht, wie leicht die Grenzen hier überschritten werden können. Die postmoderne Verteidigung der Popkultur erreicht in den siebziger Jahren die Philosophie, die sich gegen die elitären, gewalttätigen und ausgrenzenden Großkonzepte der Moderne wendete, um Vernunft, Wahrheit, Geschichte, Ästhetik und Schönheit zu pluralisieren.

Moderne, erschöpft
»Ungenau«, so Ihab Hassan 1973, bedeutet Postmoderne »die Erschöpfung der Moderne« (Hassan 1975, S. 12), so wie der Literaturwissenschaftler John Barth 1967 von der modernen »Literatur der Erschöpfung« gesprochen hatte.

Ihab Hassan bestimmt elf Merkmale der Postmoderne:

1. Unbestimmtheiten. »Hierunter fallen alle Arten von Ambiguitäten, Brüchen, Verschiebungen innerhalb unseres Wissens und unserer Gesellschaft.«
2. Fragmentarisierung – als Ursache der Unbestimmtheiten. Sie resultiert aus der »Verachtung jeglicher ›Totalisierung‹, jeglicher Synthese ...«
3. Auflösung des Kanons, das heißt Entlegitimierung gesellschaftlicher Normen; eine Subversion, die ihren schauerlichen Ausdruck im Terrorismus findet, ihren positiven Ausdruck indes im »Entstehen von Bewegungen gesellschaftlicher Minderheiten oder etwa in der Feminisierung der Kultur«.
4. Verlust von ›Ich‹ und ›Tiefe‹. »Das Ich löst sich auf in eine Oberfläche stilistischer Gesten, es verweigert, entzieht sich jeglicher Interpretation.«
5. Das Nicht-Zeigbare, Nicht-Darstellbare; das heißt, die postmoderne Kunst ist »irrealistisch, nicht-ikonisch«.
6. Ironie (Perspektivismus): Spiel, Wechselspiel, Dialog, Polylog, Allegorie, Selbstspiegelung und Reflexivität als Ausdruck permanenter Schöpfungstätigkeit des menschlichen Geistes.
7. Hybridisierung – als Genre-Mutationen: Parodie, Travestie, Pastiche, im Sinne einer »Entdefinierung« und Deformation kultureller Genres.
8. Karnevalisierung. Im Sinne Bachtins: das Anti-System – eine »fröhliche Relativität« der Dinge.
9. Performanz und Teilnahme. Unbestimmheit als Praxis, das meint »Perspektivismus und Performanz, Teilnahme am wilden Durcheinander des Lebens ... Immanenz des Lachens«.

10. Konstruktcharakter. Die Postmoderne arbeitet »auf radikale Weise mit Tropen, figurativer Sprache, mit Irrealismen ...«
11. Immanenz. »Sie verwandelt alles in Zeichen ihrer eigenen Sprache; Natur wird zu Kultur und Kultur zu einem immanenten semiotischen System. Dies ist die Zeit des Menschen als sprachliches Wesen, sein Maß ist die Intertextualität allen Lebens.«
(Hassan, ›Postmoderne heute‹ in: Welsch (Hg.), ›Wege aus der Moderne‹, S. 47–56)

Die Moderne ist als die Epoche bezeichnet worden, die sich selbst legitimiert und sich nicht auf höhere, der Geschichte übergeordnete Instanzen (Religion, Gott, Schicksal) beruft, sondern ihren geschichtlichen Entwurf – das Versprechen auf Verwirklichung des freien Individuums in einer freien Gesellschaft – aus ihrer eigenen Logik und ihren eigenen Idealen heraus begründet: Die Vernunft beziehungsweise die Vernünftigkeit der Welt bilden das Programm der Moderne, das die Fähigkeit zur Selbstkritik einschließt. Grundlage ist die totalisierende Einheit aus Vernunft (Rationalität), Sinn (konsistente Bedeutung) und Geschichte sowie ein seine Geschichte und sich selbst bestimmendes Subjekt (der freie Mensch). Gleichzeitig ist die Moderne die Epoche, die wie keine andere zuvor im Widerspruch zu ihren Postulaten steht: Dieselbe Vernunft, die zum Programm der Aufklärung wurde, hat auch ein soziales wie technologisches Zerstörungspotenzial und eine rational organisierte Politik und Ökonomie der Vernichtung hervorgebracht; der proklamierte Fortschritt als höchster Sinn der Moderne hat sich im selben Maße als Rückschritt und Zivilisationsbruch erwiesen, mit verheerenden Folgen, denen man nur zynisch Sinn zu unterstellen vermag; das Subjekt droht an den sozialen wie individuellen Widersprüchen zu scheitern, ohne dass es sich in Freiheit verwirklicht hat. Kurzum: In der Perspektive der postmo-

»Postmoderne in ihrer durch die schnelle Vermarktung verflachten Form ist ein leicht verständlicher Begriff, der alle Erwartungen erfüllt, die man in ein Schlagwort setzen kann, er bedient den Common Sense ... Die Moderne wird zum Sündenbock für alles, was man nicht mag, im *Post* aber ist man dann fein raus.«
Peter Engelmann, ›Einführung‹, in: Postmoderne und Dekonstruktion‹

dernen Kritik der Moderne erscheint diese zugleich produktiv und destruktiv.

In diesem kritischen Befund über die Moderne sind sich die unterschiedlichen Postmoderne-Theorien einig, unabhängig davon, ob die Postmoderne nun als Krise der Moderne, als Endzeit oder Stillstand der Moderne, als Zerfallsform der Moderne oder als reflektierte Stufe der Moderne verstanden wird.

Im Namen der Postmoderne werden die Leitmotive der Moderne grundsätzlich in Frage gestellt, aber eben nicht im Sinne einer Korrektur oder Neuformulierung dieser Leitmotive, sondern durch ihre Radikalisierung. Diese postmoderne Radikalisierung der Moderne ist als Pluralisierung gefordert worden. So spricht Ihab Hassan von einer nötigen »Re-Vision der Moderne«; und Jean-François Lyotard hat sich sogar vom Begriff der Postmoderne distanziert, weil er nicht einer modischen Beliebigkeitsthese das Wort reden wollte, und stattdessen von einer »redigierten Moderne« gesprochen. Seine These lautet: Man muss postmodern gewesen sein, um wirklich modern zu werden. Insofern ist die Postmoderne immer beides: *der Bruch* mit der Moderne *und* der Zustand *nach* diesem Bruch. Die Postmoderne hat darin experimentellen Charakter und kann sogar als rettender und äußerster Selbstversuch der Moderne gelten.

> »Was nennen wir die Postmoderne? ... Ich muss sagen, dass ich Schwierigkeiten habe, darauf zu antworten, weil ich niemals richtig verstanden habe, was eigentlich mit dem Wort Moderne gemeint ist.«
> Michel Foucault

Der marxistische Literaturwissenschaftler Fredric Jameson hat die Postmoderne als »Spannungsfeld« beschrieben, »in dem sich sehr unterschiedliche kulturelle Impulse behaupten müssen«. Jameson nennt fünf Merkmale der Postmoderne:

1. Eine neue Oberflächlichkeit, das heißt Verlust der Tiefendimension.
2. Der daraus resultierende Verlust der Historizität, nicht nur in Bezug auf das allgemeine Geschichtsverständnis, sondern auch in Hinblick auf das private Zeiterleben: Geschichte wird schizophren.

3. Das führt zu einer »völlig neuen emotionalen Grundstimmung«, gekennzeichnet durch »Intensitäten« und durch das Gefühl des Erhabenen.
4. Eine neue, die soziale wie ökonomische Struktur bestimmende postmoderne Räumlichkeit, bedingt und abhängig von der neuen Technologie.
5. Neue Maßgaben für eine politische Kunst innerhalb des »verwirrenden neuen Welt-Raums des multinationalen Kapitals«. (Jameson, ›Zur Logik der Kultur im Spätkapitalismus‹, in: Huyssen/Scherpe (Hg.): ›Postmoderne. Zeichen eines kulturellen Wandels‹, S. 50)

Die Postmoderne stellt die Prämissen der Moderne in Frage. Eine reflektierte Postmoderne, die nicht bloß die Moderne verachtet und ihre Katastrophe zynisch feiert, kann als radikale Selbstkritik der Moderne gelten. Sie verwirft Aufklärung, Vernunft, Wahrheit und andere Grundbausteine der Moderne nicht, sondern versucht, das jeweils Ausgeschlossene, Andere und Unterdrückte dieser modernen Leitmotive zu realisieren.

Grundlagen

Die postmodernen Theorien beziehen sich auf unterschiedlichste Ansätze, ohne einer Denktradition oder einer Chronologie zu folgen. Statt an ein konsistentes philosophisches System anzuschließen, stellen sie die Möglichkeit systematischer Theorie in Frage, kritisieren den Wahrheitsanspruch der Moderne und verwerfen die moderne Vormacht der Vernunft zugunsten einer Vielfalt von Rationalität, einschließlich des Irrationalen.

Rien ne va plus oder Anything goes?

»Rien ne va plus« – »Nichts geht mehr« –, sagt der Croupier beim Roulette, wenn keine Jetons mehr gesetzt werden dürfen und die Kugel bereits rollt. Eine Metapher für die Moderne, die mit hohem Einsatz Vernunft, Aufklärung, Emanzipation, Freiheit, Gleichheit, Schönheit ins Spiel brachte und dabei manches gewann, aber vieles verlor. Nun hat sie ihre letzten Spielmarken gesetzt und muss abwarten, bis die Kugel über Sieg oder Niederlage entschieden hat. In diesem Bild tritt die Postmoderne in mehreren Rollen auf: Die Postmoderne ist der Croupier, der die Moderne zum Spiel auffordert und scheinbar über das Spiel bestimmt. Sie ist auch die Kugel, das zufällige Spiel, von dem die Spielerin namens Moderne immer noch glaubt, dass sie es durchschauen und beherrschen kann. Die Postmoderne kann die Spielerin namens Moderne sein, die nicht mehr handeln darf, die alles gesetzt hat und aller Wahrscheinlichkeit nach ohne Gewinn den Tisch verlässt. Vielleicht sind die Spielmarken die Postmoderne oder die Ideen der Moderne, die jetzt aufs Spiel gesetzt werden. Schließlich haben nicht wenige Vertreter wie Kritiker der Postmoderne die Postmoderne als das Spiel selbst und eben das Spielerische interpretiert, auf das die Moderne sich eingelassen hat und von dem sie jetzt, nachdem sie alles verloren hat, getäuscht wurde: Das Spiel hat sich als bedrohlicher Ernstfall dargestellt.

Insbesondere die Kritiker der Postmoderne haben die Postmoderne oft auf dieses Spielerische, auf ein »Anything goes« (»Alles geht«, »Alles ist machbar«) reduziert. Die Parole »Anything goes« ist zwar zum polemischen Schlachtruf der Postmoderne geworden, wurde aber von einem Philosophen ins Feld geführt, der mit der Postmoderne-Debatte gar nichts zu tun hatte: Paul Feyerabend ging es um eine Kritik des ›Methodenzwangs‹ in den Wissenschaften und darüber hinaus um eine Infragestellung des Allmachtsanspruchs wissenschaftlicher Rationalität. Er forderte einen Methodenpluralismus, in dem indianische Medizin, Astrologie, Countrymusic und Bürgerinitiativen genauso anerkannt sein sollten wie Physik oder europäische Philosophie.

Als postmoderne Formel richtet sich das »Anything goes« gegen die universellen Geltungsansprüche der Moderne: Die Moderne gibt der Vernunft und dem vernünftigen Subjekt, der Eindeutigkeit und Sinnhaftigkeit, der Wahrheit, der Schönheit und der Logik nicht nur den Vorrang, sondern im Namen von Vernunft, Sinn, Wahrheit, Schönheit und Logik wird der Ausschluss begründet: Irrationalität, das Verrückte, Bedeutungslose, das Schweigen, das Hässliche und Unlogische haben in der Moderne keinen Platz. Dieser Ausschluss ist immer mit Gewalt verbunden: In der Moderne werden die Wahnsinnigen eingesperrt, wird das Begehren verdrängt, die Anziehungskraft des Ekels und des Hässlichen verleugnet, werden die Menschen, die ihr Leben nicht nach den

---

Paul K. Feyerabend (1924–1994)

In seinem bekannt gewordenen ›Wider den Methodenzwang‹ (Frankfurt am Main 1976) fordert er eine radikale Pluralisierung der Wissenschaft, Kunst, Philosophie und Gesellschaft. Wissenschaft sei der Paradefall von Rationalität und Vernunftlogik schlechthin. Die moderne, abendländische, scheinbar freiwillige Unterwerfung des Menschen unter die Prinzipien der Vernunft verberge, so Feyerabend, Angst und Flucht vor der Verantwortung und ist damit nicht Grundlage einer Demokratie, sondern verhindert sie. Die politischen Konsequenzen Feyerabends sind indes kaum ernst zu nehmen; seine Forderung nach »Bürgerinitiativen statt Erkenntnistheorie« bleibt naiv. Ziel ist eine Vereinfachung des Lebens; hinter der Philosophie Feyerabends versteckt sich ein sehr moderner Irrationalismus.

geltenden Normen richten, abgeschoben, diszipliniert, kontrolliert ...

Gleichwohl sind die Gegensatzpaare wie Vernunft und Irrationalität, Sinn und Unsinn, das Schöne und das Hässliche notwendig verknüpft. Die Vernunft, die wegsperrt und ausschließt, wird selber irrational; der Sinn, der sich sinnlos übersteigert, wird zum Unsinn, das übermäßig perfektionierte Schöne schlägt ins Hässliche um etc. Es scheint, als seien die Gegensätze ein bestimmendes Element der Moderne, vielleicht sogar der Motor ihrer geschichtlichen Dynamik. Genau diese Dynamik der Gegensätze war bisher das Thema einer kritischen Theorie der Moderne; Theodor W. Adorno und Max Horkheimer haben diese Bewegungsdynamik der Widersprüche als ›Dialektik der Aufklärung‹ beschrieben (1944/47). Und so kritisieren explizit modernistische Theorien, dass die Moderne ihre Geltungsansprüche noch gar nicht eingelöst habe (zum Beispiel: Jürgen Habermas, ›Theorie des kommunikativen Handelns‹, 1981, ausgehend von der Soziologie moderner Rationalisierungsprozesse Max Webers). Das »Projekt der Moderne« sei »unvollendet« (Habermas). Allerdings ist fraglich, ob das Spiel weitergeht, obwohl nichts möglich ist; oder ob das Spiel noch gar nicht richtig angefangen hat. Dagegen stehen die beiden Formeln postmoderner Theorien: »Anything goes« einerseits, »Nichts geht mehr« beziehungsweise »Das Spiel ist aus« andererseits. Postmoderne Theorien bewegen sich zwischen diesen Polen.

> »Ein Wissenschaftler, ein Künstler, ein freier Bürger ist kein Kind, das Papa Methodologie und Mama Rationalität braucht, um es in dieser Welt zu etwas zu bringen, er kann schon für sich selbst sorgen, denn er erfindet nicht nur Gesetze, Theorien, Bilder, Stücke, Staatsauffassungen, Ansichten über Welt, Mensch und Gott, er erfindet auch *ganze Lebensformen* mit allen ihren Regeln und Maßstäben.«
>
> Paul Feyerabend, ›Erkenntnis für freie Menschen‹

Moderne als Theorie-Steinbruch

Wenn die Postmoderne die Geschichte und ihre lineare, fortschreitende Entwicklung in Frage stellt, gilt das auch für die Theoriegeschichte, auf die sich die Postmoderne stützt. In der modernen Philosophie ist es üblich, bestimmten Denktraditionen zu folgen: Platon oder Aristoteles, Schopenhauer oder Hegel, Nietzsche oder Marx etc. Auch gilt der chronologische Bezug auf

Denklinien: Aristoteles – Hegel – Marx zum Beispiel, oder Kierkegaard – Nietzsche – Heidegger. Postmoderne Theorien bewegen sich in der Philosophiegeschichte unverbindlicher: Die Linie Machiavelli – Spinoza – Heidegger ist genauso vorstellbar wie Nietzsche – Leibniz – Kant und Freud.

Postmoderne Theorie ignoriert mithin die materiellen und historischen Bezüge der Entwicklung des Denkens. Das hat ihr nicht selten den Vorwurf des Eklektizismus und der Beliebigkeit eingebracht. Postmoderne Theorie hofft, damit die gesamte Philosophiegeschichte im Sinne einer kritischen Aktualisierung verfügbar machen zu können. Als moderne Vordenker der Postmoderne zeigen sich dabei insbesondere die Philosophen, die immer schon die gewalttätige Seite der Moderne betonten, ihre zügellose Macht, die gärende Unvernunft, schließlich die irrationalen Impulse, die sich einer Vereinheitlichung und Systematik widersetzen. Damit spielen Philosophen wie etwa Machiavelli (›Der Fürst‹), aber vor allem Friedrich Nietzsche und Martin Heidegger eine große Rolle. – Insgesamt liest die Postmoderne die Moderne allerdings wie einen Zitatenschatz, in dem alle Texte unabhängig von ihren Autoren, Intentionen, historischen Bezügen etc. gleichwertig nebeneinander stehen. Darüber hinaus interessiert sich die Postmoderne für den Subtext ebenso wie für den Hypertext, also für die unterschwelligen Schichten und für das Unbewusste der Texte ebenso wie für die Pfade, Spuren und Verknüpfungen der Texte untereinander.

Goya, ›Der Schlaf der Vernunft gebiert Ungeheuer‹ (1797/98)

Die Vernunft ist eingeschlafen. Im Spanischen heißt Schlaf zugleich Traum. – Es ist also auch der Traum der Moderne, dem hier die Ungeheuer entsteigen. Die Postmoderne sieht sich mal zynisch als eines der Ungeheuer, mal als nachtwachende Katze, bereit und alarmiert, die schlafende Vernunft aus ihren Alpträumen zu wecken.

Die postmoderne Philosophie kann durch drei große theoretische Konzepte gekennzeichnet werden:

Erstens zielt postmoderne Philosophie allgemein auf eine

Pluralisierung der singulären Schlüsselkonzepte der Moderne: Statt für *eine* Wahrheit, *eine* Vernunft, *eine* Ästhetik etc. plädiert die Postmoderne für *viele* Wahrheiten, *viele* Vernunften, *viele* Ästhetiken etc.

Zweitens postuliert postmoderne Philosophie die Auflösung der Sicherheiten der Moderne: dass es in letzter Instanz eine wirkliche, materielle Welt gibt. Dagegen erscheint in der Postmoderne die Wirklichkeit als bloße mediale Simulation und virtuelle Realität (Jean Baudrillard), die sich bis zur Verflüchtigung beschleunigt habe (Paul Virilio).

Drittens heißt Philosophieren nach der Moderne für die Postmoderne eine Philosophie nach dem Ende der Großen Erzählungen (i. e. Kommunismus, Demokratie, Kapitalismus), nach dem Tod des Subjekts und im Zeichen des totalen Sinnverlustes und der Bedeutungsauflösung bis zur Beliebigkeit (Jean-François Lyotard), ein Philosophieren nach der Philosophie – weshalb schließlich philosophische Texte mit anderen Texten oder Kontexten gleichwertig gelesen werden können (Jacques Derrida).

> »Als ich in den Fünfzigern Student war, habe ich Sartre, Merleau-Ponty und Heidegger gelesen. Aber Nietzsche war für mich eine Offenbarung … Ich habe ihn mit großer Leidenschaft verschlungen. Nietzsche hat mein Leben vollständig verändert: Ich kündigte meinen Job, ich verließ Frankreich … Nietzsche zu lesen war für mich der entscheidende Wendepunkt.«
> Michel Foucault

Die Moderne besteht aus Widersprüchen; die moderne Philosophie hat diese Widersprüche entweder verleugnet oder vertuscht, oder versucht, sie als dialektische und dynamische (Selbst-)Bewegung der Moderne zu reflektieren. Postmoderne Theorie richtet sich gegen das dialektische Konzept des Widerspruchs; sie glaubt in der Dialektik eine Totalisierung der Widersprüche zu identischen Einheiten zu sehen, in denen die Gegensätze verschwinden. Statt Dialektik setzt die Postmoderne bloße Binaritäten (Gegensätze). Dialektische Philosophie geht vom Widerspruchsverhältnis zwischen Wesen und Erscheinung aus. Postmoderne Philosophie bestreitet, dass es überhaupt ein Wesen gibt; vielmehr handelt es sich um Schichtungen von Oberflächen, unter denen immer nur wieder neue Oberflächen – Lamellen gleich – zum Vorschein kommen. Diese Oberflächen sind selbst Verflüchtigungen des Materiellen, etwa so wie ein Fernsehbild aus ständig neuen Zeilen aufgebaut wird; im Sinne einer Verteidigung des »Immateriellen« (Lyotard) steht die postmoderne Philosophie dem Idealismus näher als dem Materialismus. Sie geht von Kraftlinien aus, die die einzelnen »Plateaus« zu pilzartigen Strukturen und Geflechten, zu »Rhizomen« vernetzen (Deleuze und Guattari).

Die modernen Theoretiker der Postmoderne

Die Fähigkeit zum Selbstzweifel wie zur Selbstüberprüfung, die in René Descartes' berühmtem Satz »Cogito ergo sum« (»Ich denke, also bin ich«) formuliert ist, wird in der Regel als Ausgangspunkt des neuzeitlichen Denkens gesehen. Hatte die antike Philosophie sich vor allem auf das Sein gestützt, so entwickelt sich, im Schatten des Mittelalters und der Renaissance, nunmehr die Frage nach dem Bewusstsein. Der Mensch trägt Selbstverantwortung, weshalb Bewusstsein, Denken, Verstand und Vernunft fortan die Leitprinzipien der Moderne darstellen. Grundsätzlich erschüttert wurden diese Prämissen der modernen Philosophie durch Karl Marx' Befund, dass nicht das Bewusstsein das menschliche Sein bestimmt, sondern umgekehrt das Sein das Bewusstsein, und dass das individuelle Sein wiederum von der Ökonomie und den daraus resultierenden sozialen Bedingungen abhängig ist. Marx habe nach postmoderner Meinung allerdings mit seinem Befund nur das moderne Vernunftpostulat vom Denken auf die Gesellschaft und Geschichte übertragen. Deshalb habe erst Friedrich Nietzsche am konsequentesten mit den Ansprüchen neuzeitlicher Rationalität gebrochen. Nicht Vernunftentscheidungen bestimmen nach Nietzsche den Menschen und sein Handeln, sondern ein Wille zur Macht. Nicht mehr »Ich denke« ist das Leitmotiv, sondern im »Ich will« liegt die Gewissheit des »Ich bin«. Zugleich zeichnet sich hier eine Verschiebung vom Denken zur Sprache ab: Sprache als

Friedrich Nietzsche (1844–1900)

»Der Großvater des Postmodernismus«. –
»Oh, mein Freund, der Mensch ist etwas, das überwunden werden muss.«

Friedrich Nietzsche, ›Also sprach Zarathustra‹

Ausdruck des Willens ebenso wie als Instrument des Willens zur Macht.

Martin Heidegger (1889–1976) hat schließlich mit seiner Fundamentalontologie – das heißt dem Versuch eines grundlegenden Entwurfs einer Lehre des Seins – Descartes' »Cogito ergo sum« neu akzentuiert: Die Philosophie hatte bisher geklärt, was »Denken« und »Ich« heißt, aber was bedeutet »bin«? Was ist das Sein, das dem denkenden Seienden, dem Menschen, zugrunde liegt? Heidegger hat dies in seinem Hauptwerk ›Sein und Zeit‹ (1927) als die Frage nach dem Sinn des Seins versucht zu klären. Grundlage für die postmoderne Philosophie ist Heidegger deshalb, weil er alle bisherigen »modernen« Antworten abgelehnt hat: Um etwas über das Sein zu erfahren, können wir nämlich nicht nach dem fragen, als was das Sein immer schon interpretiert wird (Subjekt/Objekt, Mensch, Leben, Wesen/Erscheinung, Gesellschaft etc.). Zudem hat Heidegger die Beziehung zwischen Sprache und Sein ähnlich wie der Strukturalismus freigelegt: Die Sprache sei das Haus des Seins.

Text und Kontext, Struktur und Diskurs
Die Postmoderne kritisiert die Moderne als logozentrisch: Die Werte und Normen, die seit der Antike das europäische Denken bestimmen, sind von der Idee einer umfassenden Logik bestimmt. ›Lógos‹ bedeutet nicht nur Lehre, sondern ebenso auch Vernunft und Sprache. Bereits Aristoteles unterscheidet den Menschen von anderen Lebewesen durch den ›lógos‹ (bis in die frühe Neuzeit galten etwa Stumme nicht als Menschen im Sinne der Logos-Definition Aristoteles'). In diesem »Logozentrismus« entdeckt die Postmoderne nicht nur die Legitimation des »Eurozentrismus«, die Vorherrschaft des abendländischen Denkens gegenüber dem nichteuropäischen, nichtlogischen Denken, sondern ebenso einen »Phallogozentrismus«, also die Macht des Männlichen, Weißen (Jacques Derrida, Judith Butler), die das Andere und Fremde permanent ausschließt (Julia Kristeva).

Die Macht des Logos ist die Macht der Sprache und die Macht

durch die Sprache, die Rhetorik, das Gesetz, die Regel, die Sprecherposition etc. Ausgangspunkt für die Postmoderne und den Poststrukturalismus ist die moderne Sprachphilosophie, die sich im 20. Jahrhundert entwickelt. So wie Heidegger davon redet, dass die Sprache das Haus des Seins sei, proklamiert etwa Ludwig Wittgenstein, dass die Grenzen meiner Sprache die Grenzen meiner Welt seien. Nicht nur die Vernunft, die Wahrheit, die Schönheit oder Gott, sondern auch die Wirklichkeit, die gesellschaftlichen Verhältnisse und die Geschichte folgen einer sprachlichen Ordnung von Zeichen. Und die sprachliche Ordnung (die wir eben Vernunft, Wahrheit oder Wirklichkeit nennen) ist selbst sprachlich vermittelt, die Namen und Zeichen der Dinge sind Regelungen, die sich aufgrund anderer Namen und Zeichen ergeben haben: Michel Foucault spricht von einer »Ordnung des Diskurses«.

Zwischen der Lautgestalt eines Wortes (Signifikant; Bezeichnendes; Ausdruck) und der Bedeutung (Signifikat; Bezeichnetes; Inhalt), die sie hervorruft, gibt es keine natürliche Beziehung, sondern lediglich Konventionen. Dementsprechend geht der Linguist Ferdinand de Saussure (1857–1913) davon aus, dass die Beziehung zwischen Signifikant und Signifikat willkürlich ist, dass es zwischen sozialer Realität und ihrer symbolischen Übersetzung, zwischen Basis (*infrastructures*) und Überbau (*suprastructures*) einen Bruch gibt. Gilt das aber nur für Sprache und die Art und Weise, wie wir Sprache benutzen? Wie weit reicht die Sprache in die Wirklichkeit hinein, inwiefern wird Wirklichkeit durch Sprache überhaupt erst hergestellt? Claude Lévi-Strauss und Roland Barthes haben dies als französischen Strukturalismus und Poststrukturalismus dahin erweitert, dass auch die Realität als Text – als Kontext, als Textur, also im übertragenen Sinne als Stoffmuster – zu verstehen ist und deshalb wie ein Text gelesen werden kann. Doch nach welcher »Grammatik« ist dann die soziale Ordnung strukturiert? Wie verhält es sich mit den übergeordneten Bestimmungen, etwa dem Inzest-Tabu, das für alle Kulturen gleichermaßen gilt? Und zudem: Ist nicht das Verständnis fremder Zeichenordnungen von den strukturierenden Vorannahmen der eigenen Sprache abhängig? Was passiert, wenn etwa ein Ethnologe die ethnologische Perspektive auf seine eigene Kultur, sein eigenes Verhalten, sein Forschungsverhalten anwendet (Lévi-Strauss)? Oder wenn man antike Mythen als Muster nimmt, um zum Beispiel eine populäre Massenkultur zu verstehen – als ›Mythen des Alltags‹ (Roland Barthes)?

Mit dem Ultra- oder Poststrukturalismus ist dieses Problemverhältnis von Sprache und Realität noch verschärft worden: Jacques Derrida hat einerseits das, was bisher für das geschriebene Zeichen galt, auch für den Zusammenhang von Laut und gesprochener Sprache diskutiert, andererseits die Kontextualität der Wirklichkeit radikalisiert und alle Annahmen einer Substanz, Natur oder Natürlichkeit als Metaphysik verworfen. Das betrifft das für die philosophische Moderne genuine Konzept der Identität, vor allem in Bezug auf die Sinn- und Bedeutungseinheit der Texte und Kontexte. Insofern läuft die postmoderne Relationierung von Text und Kontext auf das Gegenteil einer modernen Lektüre hinaus, denn sie bedeutet nicht Stabilisierung des Sinns, sondern dessen Liquidierung. Das heißt: Unabschließbar vielfältige und vervielfältigbare Lektüren sind möglich, weil sich die Zeichen in einem unendlichen System der Differenzen bewegen. Das Individuum selbst ist eine Unendlichkeit der Wunschmaschinen (Deleuze); individuelle Erfahrung wird zum unendlichen Interpretationsprozess (Lacan). Und alle Positionen des Sprechens sind miteinander kombinierbar.

»Der Strukturalismus ist keine Methode, er ist das erwachte und unruhige Bewusstsein des modernen Wissens.«
Michel Foucault, ›Die Ordnung der Dinge‹

Die Postmoderne resultiert nicht aus einer bestimmten Denktradition der Moderne, sondern provoziert den Bruch mit den modernen Traditionen. Insofern schließt sie in vielfältiger Weise an Theorien an, ohne sich um deren Geschichte oder Systematik zu kümmern. In der modernen Sprachphilosophie und im Strukturalismus finden sich die Grundlagen einer postmodernen Kritik der Logik der modernen Vernunft und Sprache (Logos).

Widerstreit

Mit der Rehabilitierung einer Ästhetik des Erhabenen und der These vom Ende der Großen Erzählungen gehört Jean-François Lyotard zu den wichtigsten Theoretikern der Postmoderne. Im Mittelpunkt seiner Philosophie steht keine moderne Kommunikationstheorie des Konsenses, sondern eine Diskursanalyse des unlösbaren Widerstreits.

Informationen für alle

Die gegenwärtige Gesellschaft ist durch eine »Atomisierung des Sozialen« gekennzeichnet: Die verbindlichen Leitprinzipien und Orientierungen der Moderne haben sich in einem »lockeren Netz von Sprachspielen« ausdifferenziert. Die klare Trennlinie zwischen einer elitären Hochkultur und einer trivialen Massenkultur hat sich aufgelöst. Die bildende Kunst bildet nicht mehr, dafür bringt die Popkultur verbindliche und funktionale Sinn- und Deutungsmuster hervor. Damit ändern sich der Status, der Charakter

---

Jean-François Lyotard (1924–1998)

war zunächst als Philosophielehrer tätig, bevor er Professor für Philosophie wurde; Mitarbeit in verschiedenen politischen Gruppen, u. a. bei der

Zeitschrift ›Socialisme ou barbarie‹. Er lehrte Philosophie an der Sorbonne, an der Universität von Paris VIII (Vincennes, Saint-Denis); an der University of California at Irvine hatte er eine Professur für »Critical Theory«, später war er an der Emory University in Atlanta Professor für Französisch und Philosophie. Er war Mitglied im Konzil des Collège International de Philosophie. Zu seinen Arbeiten zählen: ›Die Phänomenologie‹ (frz. 1954; dt. Hamburg 1993); ›Das Patchwork der Minderheiten‹ (Berlin 1977); ›Das postmoderne Wissen. Ein Bericht‹ (frz. 1979; dt. Wien et al. 1986); ›Das Inhumane. Plaudereien über die Zeit‹ (frz. 1988; dt. Wien 1988); ›Der Widerstreit‹ (frz. 1983; dt. München 1987). Lyotard starb 1998 in Paris.

und die Bedingungen des Wissens grundlegend. Ausdruck und Ursache des postmodernen Wissens sind: der fortgeschrittene globale und neoliberale Kapitalismus sowie ein individualistischer Konsumismus, verbunden mit einer Computerisierung der Gesellschaft. Damit werden, so Jean-François Lyotards zentrale These, die »Großen Erzählungen« der Geschichte, die wie »Marktwirtschaft« oder »Sozialismus« einmal die Moderne legitimierten, überflüssig. Ebenso werden aber auch die Wahrheit und der Sinn solcher »totalisierenden Metageschichten« in Frage gestellt.

Geschichte ist immer beides: eine zeitlich und räumlich verbundene Verkettung von Ereignissen und die Art und Weise, wie diese Verkettung zu einer sinnvollen Erzählung gemacht wird. Daher ist das Problem der Geschichte nicht nur herauszubekommen, was wirklich geschah, sondern wie diese Wirklichkeit so wiedergegeben wird, dass sie in einem sinnvollen und verstehbaren Bezug zur Gegenwart steht. Geschichte – als »herrschende Geschichte der Sieger« – hat zudem die Funktion, die Gegenwart zu rechtfertigen; daher basiert die Große Erzählung der Moderne auf den Grundannahmen eines zeitlich-linearen Kontinuums und zielgerichteten – »teleologischen« – Fortschritts. Die Große Erzählung habe in »höchstentwickelten Gesellschaften« nun »ihre Glaubwürdigkeit verloren, welches auch immer die Weise ihrer Vereinheitlichung sei, die ihr bezeichnet wird: spekulative Erzählung oder Erzählung der Emanzipation«, wie Jean-François Lyotard in ›Das postmoderne Wissen‹ schreibt.

Lyotards ›Das postmoderne Wissen‹ ist ein Schlüsseltext der Postmoderne; schon weil Lyotard hier die technologischen Entwicklungen der Datenverarbeitung und der Mikroelektronik diskutiert, ist der bereits 1979 veröffentlichte Text von nachhaltiger Aktualität. »Das alte Prinzip, wonach der Wissenserwerb unauflösbar mit der *Bildung* des Geistes und selbst der Person verbunden war, verfällt mehr und mehr.« Stattdessen verwandeln die Sprach-

> »Das Postmoderne wäre dasjenige, das im Modernen in der Darstellung selbst auf ein Nicht-Darstellbares anspielt ... Es sollte endlich Klarheit darüber bestehen, dass es uns nicht zukommt, *Wirklichkeit zu liefern*, sondern Anspielungen auf ein Denkbares zu erfinden, das nicht dargestellt werden kann ... Krieg dem Ganzen, zeugen wir für das Nicht-Darstellbare, aktivieren wir die Differenzen, retten wir die Differenzen, retten wir die Ehre des Namens.«
> Jean-François Lyotard, ›Beantwortung der Frage: Was ist postmodern?‹

spiele das Wissen in eine Vielzahl von Informationen, und zum Problem wird, wer über die Informationen verfügt, wer wie viel Zugang zu ihnen hat. So endet Lyotard mit einer Forderung, die heute auch von modernen Liberalen bestätigt wird: »Die Öffentlichkeit müsste freien Zugang zu den Speichern und Datenbanken erhalten. Die Sprachspiele werden dann im betrachteten Moment Spiele mit vollständiger Information sein.«

Zeugenschaft

Die Situation der Postmoderne sieht Lyotard allerdings keineswegs als unproblematisch. In den »informatisierten Gesellschaften« droht das Wissen in der Bedeutungslosigkeit zu verschwinden. Gleichzeitig darf sich die Postmoderne von der Moderne nicht leichtfertig verabschieden; mit Verweis auf Nietzsche sieht Lyotard eine Vergangenheit, die uns erpresst, bedroht, belastet, konditioniert. Die postmodernen Oberflächen sind nicht nur riesige Spielfelder für beliebige Sprachspiele, sondern sind auch Ausdruck des Verlustes: von Gefühlen, Erfahrungen, Erinnerungen. Auf den glatten Oberflächen verflüchtigt sich das Materielle im Immateriellen der Informationen. Dass die Großen Erzählungen der Moderne ihre Glaubwürdigkeit verloren haben, sieht die Postmoderne nicht nur als Chance, sondern ebenso als schwerwiegendes

»Nun ist es erlaubt, sich die Welt des postmodernen Wissens als von einem Spiel vollständiger Information geleitet vorzustellen, in dem Sinne, dass hier die Daten im Prinzip allen Experten zugänglich sind: Es gibt kein wissenschaftliches Geheimnis.«
Jean-François Lyotard, ›Das postmoderne Wissen‹

»Sind wir in diesem Sinne nicht-modern? Die Inkommensurabilität, die Heterogenität, der Widerstreit, die Beharrlichkeit von Eigennamen, das Fehlen eines Höchsten Gerichts? ... Erzählen ›wir‹ uns nicht mehr – und sei es, mit Bitterkeit oder Jubel – die große Erzählung vom Ende der großen Erzählungen? Reicht es nicht aus, dass das Denken dem Ende der Geschichte gemäß denkt, damit es modern bleibt? Oder ist die Postmoderne jenes Geschäft eines Greises, der den Mülleimer der Zweckmäßigkeit nach Resten durchstöbert, der mit dem Unbewussten fuchtelt, mit dem Lapsus, den Abbruchrändern, den Grenzen, den Gulags ... und daraus ... sein Versprechen auf Veränderung gewinnt?«
Jean-François Lyotard, ›Der Widerstreit‹, München 1989, S. 225f.

Problem. Angesichts der Moderne, die im Terror des Nationalsozialismus endete, stellt sich die Frage der Darstellung; Lyotard hat die Antwort in einer postmodernen Ästhetik des Erhabenen gesehen: eine Ästhetik der Intensivierung, die mit dem modernistischen Ideal der Schönheit bricht und stattdessen das Dynamische übersteigerter Sinnlichkeit hervorhebt.

Die Konsequenzen der Postmoderne beschreibt Lyotard im ›Widerstreit‹ (1983, dt. 1989). Während die kritische Theorie der Moderne von (sozialen, ökonomischen, psychischen etc.) Widersprüchen ausgeht, deren Lösung neue Widersprüche hervorbringt, konstatiert Lyotard für die postmoderne, immaterielle Gesellschaft die Unlösbarkeit und Unvereinbarkeit von »Idiomen«, von »Diskursarten«. Das postmoderne Wissen eröffnet zwar die Möglichkeit vielfältiger Sprachspiele, zwischen diesen gibt es aber keine Versöhnung – ihnen fehlt die übergeordnete, universale Urteilsregel: Das ist der Widerstreit.

Es geht darum, »die Ehre des Namens zu retten«, um das Recht des Opfers und seine Zeugenschaft. Ein Widerstreit liegt nach Lyotard vor, wenn etwa ein Faschist wie der französische Auschwitz-Leugner Faurisson einen juristisch-wissenschaftlichen Nachweis über die Existenz von Gaskammern verlangt: »›Tatsächlich und mit eigenen Augen eine Gaskammer gesehen‹ zu haben wäre die Bedingung für die Autorität, ihre Existenz zu behaupten und den Ungläubigen zu belehren.« (›Widerstreit‹, S. 17) Es gibt aber keine toten Zeugen; und jedes noch lebende Opfer bezeugt: dass die Gaskammern nicht existiert haben (sonst wäre das Opfer tot). – Was aus kritisch-moderner Perspektive

---

»Lyotard versteht sich als ein Denker des philosophischen Protestes. Er protestiert gegen:
- universalpragmatische Vereinheitlichung von Diskursen
- kapitalismusspezifische Reduktion von Sprache auf Information
- technisiertes Verständnis menschlicher Zeitlichkeit
- ein Verständnis von Kunst als Konsumierbares.«

Bernhard H. F. Taureck, ›Wo steht Lyotard?‹

einfach indiskutabel erscheint, wird nach Lyotard zum Grundproblem der Postmoderne: »*Widerstreit* [*différend*] möchte ich den Fall nennen, in dem der Kläger seiner Beweismittel beraubt ist und dadurch zum Opfer wird.« (S. 27)

Die postmoderne Theorie des Widerstreits ist der modernen, etwa von Jürgen Habermas vertretenen Theorie des kommunikativen Handelns entgegengesetzt: Weil ein argumentativer Konsens aufgrund des Widerstreits unmöglich ist und Kommunikation das Recht auf Schweigen verwehrt, fordert Lyotard wie auch schon im ›Postmodernen Wissen‹ eine radikale Pluralisierung. In diesem Sinne gilt es, den Widerstreit nicht nur zuzulassen, sondern ihn zu bezeugen und damit die Opfer ins Recht zu setzen. Das wiederum sieht Lyotard als die genuine Aufgabe einer postmodernen Ästhetik des Erhabenen; die Zeugenschaft des Widerstreits ist als Programm einer postmodernen Kunst zu verstehen.

Lyotard hat mit seinen Konzepten versucht, gegen eine Vereinfachung der Postmoderne für die Probleme der gegenwärtigen Gesellschaft und ihrer geschichtlichen Verantwortung zu sensibilisieren. Postmoderne heißt bei ihm ein Redigieren der Moderne.

Oberflächen und Kraftlinien

Für den französischen Philosophen Baudrillard besteht das Leben nur noch aus Oberflächen: Wir leben in einer bloß simulierten Welt, und genau genommen sind wir selbst lediglich Simulationen. Gilles Deleuze und Félix Guattari deuten Oberflächen hingegen als pilzartige Verflechtungen (Rhizome), in denen sich das Leben in Kraftlinien ausbreitet.

Simulationen

Wie für viele postmoderne französische Theoretiker ist auch für Baudrillard der Ausgangspunkt eine grundlegende Abkehr von der Marx'schen Kritik des Kapitalismus. Marx habe angeblich den Kapitalismus nicht wirklich kritisiert, sondern habe nur dessen Logik erweitert. Deshalb gilt Baudrillards Augenmerk nicht der Warenproduktion, sondern dem Konsum der Waren, dem symbolischen Tausch. In dieser postmodernen Perspektive ist Gesellschaft nicht länger von der Produktion bestimmt, sondern von der Konsumption, die wesentlich Konsum von Zeichen ist, die durch die Werbung hergestellt werden. Die Gesellschaft wird zu einem unendlichen, fließenden Spiel dieser Zeichen und ihrer konsumierbaren Bedeutungen.

Theorien wie der Marxismus, aber auch die Psychoanalyse oder der Strukturalismus sind immer auf der Suche nach tieferen

> »Man muss die Dinge bis zum Äußersten treiben, bis zu jenem Punkt, an dem sie sich von selbst ins Gegenteil verkehren und in sich zusammenstürzen.«
>
> Jean Baudrillard, ›Der symbolische Tausch und der Tod‹

Jean Baudrillard (1929–2007)
wird gelegentlich als der »Hohepriester« der Postmoderne bezeichnet, nennt sich selber einen »philosophischen Terroristen«. Mit seinen oft provokativen, ja bisweilen übertriebenen Thesen musste Baudrillard sich nicht selten die Kritik gefallen lassen, ein philosophischer Scharlatan zu sein, der lediglich um seine spektakuläre Selbstinszenierung bemüht ist, wenngleich seine Thesen bei genauerer Betrachtung wenig spektakulär sind, sondern mitunter lediglich aufgepeppte theoretische Gemeinplätze.

Bedeutungen. Dagegen setzt Baudrillard das schon von Roland Barthes entwickelte Konzept der Simulation und spricht vom Simulacrum. In der postmodernen Konsumgesellschaft, die für Baudrillard nach dem Zweiten Weltkrieg beginnt, ist der Tauschwert der Waren durch Simulacren und Spektakel ersetzt worden (die Entwicklung von Reklame, Medien, Kommunikation und Information ist dafür ausschlaggebend). Zeichen haben keine Beziehung mehr zu einer äußeren »Wirklichkeit«; wir leben in einer simulierten Welt, in der schließlich Erfahrung und Wissen durch Bilder und Symbole ersetzt worden sind und Wirklichkeit ihre eigene Repräsentation ist. Im Zeitalter des Simulacrum gibt es nur noch Kopien von Kopien der Repräsentation von Repräsentation und weder ein Reales noch ein Original. Daher gibt es auch keine Wirklichkeit mehr, mit der die Simulation auf Sinn, Echtheit und Wahrheit überprüft werden könnte. Es gibt nur noch Oberflächen, auf denen schließlich die Wirklichkeit wirklicher als wirklich wird, weil die Kopien echter und glaubwürdiger werden, als es die Realität jemals war: Die Postmoderne erzeugt eine Hyperrealität.

In dieser Hyperrealität gibt es keine Geschichte mehr, bloß synchrone Bilder einer ewigen Gegenwart. Während die moderne, industrielle Welt der Produktion durch eine »Explosion«, durch Ausdehnung (Kolonien, Weltkriege, neue Märkte) gekennzeichnet war, mündet die Postmoderne in der Katastrophe einer »Implosion«: Die simulierte Hyperrealität fällt in sich selbst zusammen.

> »Fernsehen kein Beweis für menschliche Existenz ... Der ... französische Philosoph Jean Baudrillard hat ... mit seiner Sichtweise der Welt seine Zuhörer schockiert: Er bestritt nicht nur, dass es vor zehn Jahren einen Krieg zur Befreiung Kuwaits gegeben habe, sondern behauptete zudem, das Jahr 2000 gebe es in Wirklichkeit gar nicht. Dieses sei eine Erfindung der Medien ... Technik und Konsumterror ließen uns in einer ›hyper-realen Welt‹ leben, in der nichts so unbedeutend sei wie die Wahrheit.«
> ›FAZ‹, 27. März 2001

Kraftlinien

Was hält die Oberfläche(n) der Hyperrealität zusammen? Gesellschaftliche Verhältnisse bestehen aus einer Vielzahl von Spannungen. Hegel, der Philosoph der Moderne, hat diese Spannungen als Widersprüche beschrieben, die sich im Sinne eines dialektischen

Prozesses als geschichtlicher Fortschritt bewegen. In der Moderne ist dieser Widerspruch in der ökonomischen Ordnung begründet und findet seinen Ausdruck in den sozialen Kämpfen der Klassen – so jedenfalls hat der traditionelle Marxismus diese geschichtsmächtige Dialektik interpretiert. Dagegen hat der Strukturalismus die sozialen Herrschaftsbeziehungen »entpersonalisiert«: Klassenkampf ist in erster Linie ein sprachlicher Kampf (Louis Althusser). Die materiellen Verhältnisse sind gleichsam als Texte, als ›Ordnung des Diskurses‹ (Michel Foucault) zu verstehen. Die moderne Erklärung der Welt in dialektischen Widersprüchen ist selbst als Teil der totalitären Ordnung interpretiert worden; gegen die Dialektik führen postmoderne und poststrukturalistische Theoretiker »rhizomatische« Beziehungen ins Feld, Kraftlinien, die sich wie ein Pilzgeflecht in den Schichten der Oberfläche ausbreiten. Die sozialen Kämpfe vollziehen sich nicht mehr zwischen gegnerischen Blöcken, wie es die Theorie des Klassenkampfes immer postulierte, sondern bewegen sich in den verschiedenen Ebenen der Oberfläche gesellschaftlicher Ordnung: Gilles Deleuze (1925–1995) und Félix Guattari (1930–1992) haben das in ihren zwei Bänden ›Kapitalismus und Schizophrenie‹ beschrieben: als ›Tausend Plateaus‹.

Solche rhizomatischen Kraftlinien provozieren nach Deleuze und Guattari ein ›Anderes Denken‹, eine ›fraktale Logik des Sinns‹. Während die Moderne in der Regel von einem (mit sich selbst) identischen Sein und einer Sinneinheit des Seins ausgeht, hat Deleuze schon in ›Differenz und Wiederholung‹ expliziert, dass das Sein nicht das Eine ist, sondern die Mannigfaltigkeit – es gibt keine Einheit des Seins und des Sinns. Das Ich kann keine Identität herstellen, weil es schizophren ist. Deshalb wenden sich Deleuze und Guattari im ›Anti-Ödipus‹ (›Kapitalismus und Schizophrenie I‹) gegen die Psychoanalyse und plädieren für eine Schizoanalyse. Der Mensch

»Simulation, die unbegrenzt andauern kann, denn im Unterschied zur ›wahren‹ Macht, die eine Struktur, eine Strategie, ein Kräfteverhältnis, ein Einsatz ist oder war, ist sie, da nur mehr Gegenstand sozialer Nachfrage und also Gegenstand des Gesetzes von Angebot und Nachfrage, nicht mehr der Gewalt und dem Tod ausgesetzt. – Vollständig gereinigt von der *politischen* Dimension, gehört sie, wie jede andere Ware auch, zur Massenproduktion und -konsumtion. Alles Glitzern ist dahin, nur die Fiktion eines politischen Universums ist gerettet.«
Jean Baudrillard, ›Politik und Simulation‹, in: ›Kool Killer‹

sei eine gestörte Maschine, deren Begehren laufend Wünsche produziert: Das Unbewusste funktioniert wie eine Fabrik, die Vervielfältigungen in Gang hält, indem sie (Persönlichkeits-)Spaltungen einfügt. Der Wunsch selber lässt fließen, fließt und trennt. Das poststrukturalistische Konzept rhizomatischer Kraftlinien hat sein Modell in der barocken Vorstellung der Differenziale und Integrale, einer in sich gefalteten Welt, die Leibniz als Monadologie beschrieben hat: ein Zustand der »prästabilierten Harmonie«, in dem jede Monade (Einheit) die ganze Welt repräsentiert und sich deshalb im Gleichgewicht mit der Welt befindet. Deleuze schreibt: »Der Barock krümmt die Falten um und um, treibt sie ins Unendliche, Falte auf Falte, Falte nach Falte.« (›Die Falte. Leibniz und der Barock‹, Frankfurt am Main 1996, S. 11)

»Konsumption ist nicht bloß das Ende der ökonomischen Kette, die mit der Produktion beginnt, sondern ein Tauschsystem, eine Sprache, in der Waren zu Gütern werden, die dem Individuellen genauso den Vorrang gibt, wie jede andere Sprache auch.«

Jean Baudrillard, ›Der symbolische Tausch und der Tod‹

Für Baudrillard bedeutet die Postmoderne das Verschwinden der Wirklichkeit: Sie verschiebt sich in eine virtuelle Realität der Zeichen; und in einer Welt der »hyperrealen Simulation« haben diese Zeichen keine Bedeutung mehr. Im Unterschied dazu interpretieren Deleuze und Guattari die Wirklichkeit als ›Plateaus‹, auf denen das Leben durch rhizomatische Kraftlinien miteinander verbunden ist.

Differenzen

Während die moderne Theorie in Oppositionen und Widersprüchen denkt, versucht die postmoderne Theorie mit der Dekonstruktion die Differenzen hervorzuheben. Dabei interpretiert die Theorie der Dekonstruktion die Welt als Text und mündet schließlich in der Annahme, dass sich sogar die Texte selber dekonstruieren.

Gespenster

Ein Text ist durch seine sprachliche Verfasstheit bestimmt, darüber hinaus durch Syntax, Semantik, durch die Absichten des Autors, aber auch durch die Konventionen des Lesens und der Interpretation, durch den Sinn- und Bedeutungszusammenhang. Für gewöhnlich beginnen wir ein Buch von vorn, lesen Seite für Seite; der Titel verrät uns das Thema und weckt unser Interesse. Zum Beispiel Karl Marx und Friedrich Engels: Sie verfassen zum Jahreswechsel 1847/1848 das ›Manifest der kommunistischen Partei‹. Es beginnt mit den berühmten Worten: »Ein Gespenst geht um in Europa – das Gespenst des Kommunismus.« Es ist allgemein bekannt, dass das ›Manifest‹ gedacht war, um das Gespenst zu vertreiben und den Kommunismus als wirkliche Kraft zu behaupten. Was passiert indes, wenn wir dem Text nicht in der gewohnten Weise weiter folgen? Was passiert, wenn wir uns

---

Jacques Derrida (1930–2004)
studierte u. a. an der Harvard University, promovierte mit ›De la grammatologie‹. 1960 bis 1964 war er Assistent für allgemeine Philosophie an der Sorbonne, bis 1984 Professor für Geschichte der Philosophie an der École Normale Supérieure. Gründungsdirektor des Collège International de Philosophie; u. a. Gastprofessur an der University of California at Irvine, zahlreiche Auszeichnungen. Zahlreiche Buchpublikationen, u. a.: ›Grammatologie‹ (frz. 1967; dt. Frankfurt am Main 1974); ›Die Schrift und die Differenz‹ (frz. 1967; dt. Frankfurt am Main 1976); ›Positionen‹ (frz. 1972; dt. Wien 1986); ›Randgänge der Philosophie‹ (Wien 1988); ›Marx' Gespenster‹ (frz. 1993; dt. Frankfurt am Main 1995, 2003)

darauf einlassen, dass die Rede vom Gespenst mehr ist als nur eine Metapher? Was passiert, wenn uns weniger interessiert, wie der Kommunismus das Gespenst vertreibt, sondern wenn wir danach fragen, wo das Gespenst des Kommunismus bleibt – in Marx' Texten? Was passiert also, wenn wir die scheinbar selbstverständlichen Voraussetzungen und Implikationen, die verkrusteten Strukturen des Textes aufbrechen, wenn wir die Ungereimtheiten und Widersprüche eines Textes und seiner Terminologie verfolgen, wenn wir unscheinbare Worte zu den interessanten Begriffen erklären? Mit dem Gespenst aus dem ›Manifest‹ und mit allen anderen Gespenstern und Spukgeistern, die bei Marx auftreten, hat Derrida dies vorgeführt. Er schreibt über ›Marx' Gespenster‹ und damit nicht nur über den Spuk des Kommunismus, sondern auch über die Vielfalt der Marx'schen Theorie (das französische ›Spectre‹ heißt gleichermaßen Gespenst und Spektrum). Dieses Verfahren beschreibt Derrida als Dekonstruktion.

Dekonstruktion

Dekonstruktion heißt, alle Selbstverständlichkeiten (und insgesamt alle Verständlichkeiten, Sinnzusammenhänge) eines Textes aufzusprengen und neu zusammenzubringen. Werden in dieser Weise die Strukturen eines Textes hinterfragt, ist die Dekonstruktion poststrukturalistisch. Derrida geht über den Strukturalismus hinaus, indem er die willkürliche Differenz zwischen Zeichen und Bedeutung zur »Différance« erweitert; Bedeutung im Sinne

---

Die *différance*, schreibt Derrida, ist »eine Struktur oder eine Bewegung, die sich nicht mehr von dem Gegensatzpaar Anwesenheit/Abwesenheit her denken lässt. Die *différance* ist das systematische Spiel der Differenzen, der Spuren von Differenzen, der Verräumlichung, mittels derer sich die Elemente aufeinander beziehen. Diese Verräumlichung ist die zugleich aktive und passive Herstellung der Intervalle, ohne die die ›vollen‹ Ausdrücke nicht bezeichnen, nicht funktionieren würden (das *a* der *différance* weist auf jene Unentschiedenheit in Bezug auf die Aktivität und Passivität und auf das, was sich noch von diesem Gegensatz her bestimmen und in diesen Gegensatz einordnen lässt).«

Jacques Derrida, ›Positionen‹, Graz und Wien 1986, S. 67f.

der Différance ist niemals vollständig »gegenwärtig«, sondern prozessual, instabil und fließend. Es gibt keinen »transzendentalen Signifikanten«. Vielmehr geht es darum, diese Transzendenz zu durchbrechen. Der Logozentrismus der Moderne geht einher mit der Vorherrschaft eines kapitalistischen, männlichen, weißen Modells von rationaler Logik, die alles in Identitäten auflöst bzw. unterwirft: Rasse, Geschlechter, Oben und Unten etc. Diese »binären Oppositionen« gilt es im Sinne der »Différance« zu dekonstruieren.

> »Der Aufschub bildet das Wesen des Lebens. Vielmehr: da der Aufschub (différance) kein Wesen ist, weil er nichts ist, *ist* er *nicht* das Leben, wenn Sein als *ousia*, Präsenz, Wesenheit/Wirklichkeit, Substanz oder Subjekt bestimmt wird. Das Leben muss als Spur gedacht werden, ehe man das Sein als Präsenz bestimmt.«
>
> Jacques Derrida, ›Die Schrift und die Differenz‹

Die Dekonstruktion ist als »Freispiel der Sprache« zu verstehen. Heißt Lesen in der Moderne, einen Text zu erschließen und abzuschließen, ihn in seinen Bedeutungen vollständig zu entschlüsseln und ihn im Verstehen abzustellen, so öffnet die Dekonstruktion den Text wieder, entkleidet ihn: Sie beabsichtigt jene Momente des Textes freizulegen, in denen er seine eigene Autorität, seine Autorenschaft untergräbt. Die Philosophie der Differenz fordert nicht die moderne »Arbeit am Begriff« (Hegel), sondern will die Begriffe »ins Spiel bringen«. Darüber hinaus erweitert die dekonstruktive Methode das Textverständnis, indem prinzipiell alle Strukturen als Texte verstanden werden können. Insbesondere in der Architektur ist dann versucht worden, das Bauen, die architektonischen Strukturen und die Fassaden dekonstruktiv neu zu bestimmen, um so die Moderne einschließlich ihrer statischen Gesetzmäßigkeiten zu durchbrechen.

New Criticism

In enger Verbindung zur Dekonstruktion steht der so genannte New Criticism, der sich bereits Anfang der vierziger Jahre in der nordamerikanischen Literaturwissenschaft etabliert (J.C. Ransom, ›The New Criticism‹, 1941). Anders als die traditionelle Literaturwissenschaft und ähnlich wie im Dekonstruktivismus betrachtet der New Criticism den Text als unabhängig und losgelöst von äußeren Einflüssen – sogar von der Intention des Autors.

Es wird von einer Eigengesetzlichkeit des Textes ausgegangen, die in einem ›close textual reading‹ genannten Verfahren freigelegt werden soll. Im Zusammenhang mit der postmodernen These vom Ende der Meta-Erzählungen und der Möglichkeit einer Posthistoire hatte der New Criticism großen Einfluss auf die Geschichtswissenschaft: Wie kann in der Postmoderne noch Geschichte geschrieben werden, was ist das für eine Geschichte, und wer schreibt sie? Das sind die Leitfragen des New Historicism genannten Konzeptes. Statt um Universalgeschichte geht es um Individualgeschichte, um die Geschichte derjenigen, die bisher nicht historisch repräsentiert waren, um eine Dekonstruktion der Quellentexte, schließlich um die Erfindung möglicher anderer Geschichten.

Spuren des Subjekts

Die Dekonstruktion erklärt den Autor als Selbst für tot; mit ihm stirbt das zielgerichtet schreibende Subjekt, schließlich das Subjekt überhaupt. So wie der Autor aus dem Zentrum des Textes verschwindet, so verschwindet auch das Subjekt aus den Zentren

---

»Lesen«, schreibt der dekonstruktivistische Literaturwissenschaftler Jonathan Culler, »ist ein Versuch, das Geschriebene durch die Bestimmung der referenziellen und rhetorischen Modi eines Textes zu verstehen, etwa indem man metaphorische Bedeutungen in wörtliche übersetzt oder Hindernisse bei der Suche nach einem kohärenten Resultat beiseite räumt; aber die Konstruktion von Texten ... kann diesen Verstehensprozess blockieren.« Dagegen ist das Ergebnis der Dekonstruktion von Texten »nicht eine neue Basis, sondern sind Lektüregeschichten, und diese Geschichten setzten den Text wieder als Handelnden mit bestimmten Qualitäten und Eigenschaften ein, weil sie so präzisere und dramatischere Erzählungen ergeben und die Möglichkeit des Lernens geschaffen wird, die es einem erlaubt, große Werke zu rühmen ... In ihrer Gesamtheit umreißen diese Lektüregeschichten die paradoxe Situation, in der die Dekonstruktion operiert. Indem sie Sinn als Problem der Lektüre auffassen, als Resultat der Anwendung von Codes und Konventionen, verlassen sich diese Geschichten auf den Text als Quelle der Einsicht und schlagen vor, dem Text eine gewisse Autorität zu verleihen, um so den Versuch machen zu können, etwas von ihm zu lernen, selbst wenn das, was man über Texte und Lektüren lernt, die These in Frage stellt, irgend etwas Bestimmtes sei definitiv im Text.«

Jonathan Culler, ›Dekonstruktion‹, Reinbek bei Hamburg 1988, S. 88f.

des sozialen Kon-Textes, der Geschichte. Die postmoderne Theorie spricht deshalb vom dezentrierten Subjekt und versucht es ins Recht zu setzen und ihm seine Geschichte zurückzugeben. Wenn das dekonstruktive Lesen ein Spurenlesen ist, eine Suche nach den Spuren verborgener »Différances«, dann ist der New Historicism das Unterfangen, die bisherige Geschichte als Text neu zu lesen und das historische Subjekt zu dekonstruieren. Das Bürgertum ist ebensowenig wie das Proletariat als historisches, gar revolutionäres Subjekt bestimmbar. Die Arbeiterbewegung wurde schließlich wieder zum Gespenst, von dem Marx und Engels im ›Kommunistischen Manifest‹ gesprochen haben. Derrida fordert in ›Marx' Gespenster‹ eine neue Internationale, die ihr revolutionäres Subjekt erst wieder entdecken und erfinden muss.

Als Konsequenz der poststrukturalistischen Theorie ging es bei der Dekonstruktion nicht nur um philosophische und literarische Texte, sondern – im Sinne eines erweiterten Textverständnisses – um Lesarten sozialer und kultureller Zusammenhänge. Die Dekonstruktion versteht sich als Pluralisierung der Differenzen und verteidigt das »Freispiel der Sprache«.

Der Mensch, die Macht und die Anderen

Mit dem Ende der Moderne diagnostiziert die Postmoderne auch das Ende des modernen Subjekts. Das mündige und selbstbestimmte Individuum erscheint dabei als eine Erfindung der Humanwissenschaften: Selbst die Biologie des Menschen wird als eine Konstruktion, eine Ordnung des Diskurses entschlüsselt. Rechtliche Normen und medizinische Kontrolle bilden strukturelle Ausschlussverfahren des Anderen und Fremden.

Einschluss / Ausschluss

Michel Foucault kommt in seinen Untersuchungen über das Verhältnis von Wissen und Macht zu ähnlichen Ergebnissen wie Lyotard, betont jedoch gesellschaftlich einschneidende Konsequenzen: Eine postmoderne Pluralisierung im Sinne Lyotards ist nach Foucault nicht möglich. Vielmehr sieht er in den modernen Reformen und liberalen Demokratisierungen eine versteckte, alles durchdringende Zurichtungs- und Anpassungsgewalt wirken: Pluralisierung heißt für ihn eine Vervielfältigung der Macht, die politischen Freiheiten bedeuten im selben Maße erhöhten Leistungszwang. Während sich Lyotard vor allem auf die technologischen und sozialen Bedingungen der Veränderung des Wissens konzentriert, fragt Foucault, inwiefern das moderne Wissen selbst die technologischen und sozialen Bedingungen des Lebens verändert hat. »Wissen« bedeutet dabei nicht einfach den Erkenntnisfortschritt über Funktion und Bedürfnisse des Menschen, sondern – im System einer Humanwissenschaft, von Recht, Medizin etc. – die Erfindung des Menschen durch Normierung, Kontrolle und Disziplin. Die rationale Ordnung des Wissens bedingte den Ausschluss des Irrationalen, des Wahnsinns, des Verbrechens und der Abweichung: Fällt der Mensch aus der Normierung heraus, wird er weggesperrt. Foucault spricht von »Dispositiven der Macht« (wobei ›Dispositiv‹ sowohl ›Anordnung‹ und ›Vorkehrung‹

wie auch ›Apparat‹ bedeutet), die sich in einer »Mikrophysik der Macht« unendlich verfeinern. Während Herrschaft Hierarchie von auf Personen oder Gruppen bezogenen Gewaltverhältnissen impliziert (der König herrscht über das Volk, das Volk herrscht aber nicht über den König), entwickelt Foucault ausgehend von Nietzsche eine Machttheorie, die von (post)strukturalen, nichtpersonalen, nichtsubjektbezogenen Machtverhältnissen ausgeht. Diese Machtverhältnisse werden wesentlich durch eine ›Ordnung des Diskurses‹ bestimmt: In den modernen, liberalen Gesellschaften der Postmoderne wird die unmittelbare, körperliche Gewalt ersetzt und verdeckt von einer unsichtbaren Macht der medizinischen und rechtlichen Normen; nicht nur Abweichungen, Abschiebungen, Einsperrungen werden juristisch und medizinisch erzeugt, sondern das, was »der Mensch« überhaupt ist, wird in einem vielfältigen, machtvollen Geflecht der Diskurse immer wieder erneuert. Foucault spricht diesbezüglich von einer Bio-Politik oder Bio-Macht (von griech. ›bios‹ = Leben).

Foucaults Interesse gilt der Frage, wie in unserer Kultur Menschen zu Subjekten gemacht werden. In seiner Studie ›Wahnsinn und Gesellschaft‹ (frz. 1961; dt. 1969) hatte Foucault gezeigt, wie durch eine medizinische Norm zunehmend ein Diskurs der Wahrheit etabliert ist, der im Namen der Vernunft das Irrationale

---

Michel Foucault (1926–1984)

Studierte Psychologie und u. a. bei Louis Althusser Philosophie. Promotion 1961 mit ›Wahnsinn und Gesellschaft‹, mehrere Professuren, ab 1969 Lehrstuhl für Geschichte der Denksysteme am Collège de France in Paris. Internationale Gastprofessuren und Lehraufträge. 1971 gründet Foucault die Gefangenen-Informationsgruppe GIP, politisches Engagement auch in der Patientenrechts- und Anti-Psychiatrie-Bewegung. Foucault starb 1984 an der Immunschwäche AIDS. – Mehr als bei anderen Theoretikern ist es fraglich, ob man Foucault einen Postmodernen nennen kann. Mit seiner Radikalisierung einer machtkritischen Diskurstheorie hat er allerdings der Postmoderne-Debatte wesentliche Impulse gegeben. Sein Einfluss auf den Poststrukturalismus von Gilles Deleuze ist unbestritten. Zu seinen Arbeiten zählen: ›Die Ordnung der Dinge‹ (frz. 1966; dt. Frankfurt am Main 1971), ›Sexualität und Wahrheit‹ (Drei Bände: Frankfurt am Main 1977, 1986, 1986); ›Schriften in vier Bänden. Dits et Ecrits‹ (Frankfurt am Main 2001ff.)

als Wahnsinn ausschließt und zugleich einschließt. Die von der Norm Abweichenden – die Aussätzigen, Kranken, Arbeitsunwilligen und Irren – werden in dieselben Anstalten verschlossen und verschwinden aus der Gesellschaft. In ›Die Geburt der Klinik‹ (dt. 1973) rekonstruiert Foucault, wie die Medizin zu Beginn des 19. Jahrhunderts zur Definitionsmacht über das Leben und den Tod wird – und damit auch als Humanwissenschaft zusammen mit der Rechtsprechung den ›Menschen‹ überhaupt erst hervorbringt.

In ›Überwachen und Strafen‹ (frz. 1975, dt. 1977) geht es um die juristische Norm: um die Errichtung eines Kerkersystems, das den Menschen einschließt, das die Hinrichtung über die Jahrhunderte vom öffentlichen Schauprozess in den Gefängnishof verlegt und schließlich ganz verschwinden lässt. Foucault zeichnet die Genealogie der Macht als die »Geburt des Gefängnisses« anhand der modernen Idee der Strafe und des Verbrechens nach. Das Verbrechen wird nämlich aus der Biologie und Psychologie des Straftäters erklärbar; zugleich verwandelt sich die ganze Gesellschaft sukzessive in eine Disziplinaranstalt. In ähnlicher Weise untersucht Foucault in seinen späteren Schriften die Rolle der Sexualität sowie die medizinischen, psychologischen wie öffentlichen Diskurse über sexuelle Störungen, Anomalien und Perversionen.

»Der Mensch, von dem man uns spricht und zu dessen Befreiung man einlädt, ist bereits in sich das Resultat einer Unterwerfung, die viel tiefer ist als er. Eine ›Seele‹ wohnt in ihm und schafft ihm eine Existenz, die selber ein Stück der Herrschaft ist, welche die Macht über den Körper ausübt. Die Seele: Effekt und Instrument einer politischen Anatomie. Die Seele: Gefängnis des Körpers.«

Michel Foucault, ›Überwachen und Strafen. Die Geburt des Gefängnisses‹

»Der Glaube, dass ›man eine Frau‹ ist, ist beinahe so absurd und obskurantistisch wie der Glaube, dass ›man ein Mann‹ ist. Ich sage ›beinahe‹, weil es immer noch eine Menge Ziele gibt, die Frauen erreichen können: Freiheit der Abtreibung und der Empfängnisverhütung, Tageszentren für Kinder, Gleichberechtigung im Beruf etc. Deswegen müssen wir ›wir sind Frauen‹ als Anzeige oder Slogan für unsere Forderungen verwenden. Auf einer tieferen Ebene aber ist eine Frau nicht etwas, was man ›sein‹ kann; sie gehört nicht einmal zur Ordnung des ›Seins‹ ... Unter ›Frau‹ verstehe ich das, was nicht repräsentiert werden kann, was nicht gesagt wird, was über und jenseits der Nomenklaturen und Ideologien bleibt.«

Julia Kristeva, ›Die Frau ist niemals das‹, in: ›Tel Quel‹ 59 (1974), S. 20f.

Vom Feminismus zum Postfeminismus

Judith Butler hat Foucaults Analyse, nach der der Mensch eine Erfindung von Machtdiskursen und Normierungen ist, weitergeführt. Für sie gibt es kein biologisches Schicksal des Menschen; das gilt insbesondere für die in der Moderne selbstverständlich akzeptierte Existenz der zwei Geschlechter Mann und Frau. Ähnlich wie Foucault die Sexualität, nämlich den modernen Diskurs über einen normalen Sex und einen perversen Sex, als Ergebnis bestimmter medizinischer und juristischer Machtdispositive darstellt, geht Butler davon aus, dass das Geschlecht eine soziale Konstruktion ist. Vielmehr ist das »Geschlecht« durch eine soziale Praxis (der Körper zueinander) bestimmt. Für Butler liegt es deshalb näher, von mehr als zwei Geschlechtern auszugehen und sich dabei auch noch ganz andere Beziehungen vorzustellen als homo- oder heterosexuelle Sexualbindungen. Geschlecht ist keine fixierte Eigenschaft, sondern fließend und variabel, abhängig von unterschiedlichen Kontexten und Zeiten. Deshalb geht es auch nicht um sexuelle Gleichheit oder einen Frieden der Geschlechter, sondern um die Subversion und Konfusion der herrschenden Geschlechtsidentitäten, gegen die Hegemonie der »Zweigeschlechtlichkeit«.

Butlers Theorie hat zusammen mit etwa Luce Irigaray, Drucilla Cornell oder Nancy Fraser einen postmodernen Feminismus begründet, den so genannten Postfeminismus. Dabei wird am

---

Judith Butler (*1956)

ist Professorin für Rhetorik und vergleichende Literaturwissenschaft an der European Graduate School und an der University of California at Berkeley. Mit ihren von Foucault ausgehenden Untersuchungen zu Macht, Identität und Subjektivität hat sie den modernen Feminismus in eine postmoderne Kritik der Geschlechterverhältnisse überführt. In den Neunzigern war Butler ein akademischer Superstar, 1993 erschien sogar ein Fanzine: ›Judy!‹ Ihre radikale Kritik der Bio-Macht und (sexuellen) Normierung begründet theoretisch wie praktisch die »Queer Politics«. Zu ihren Büchern gehören: ›Gender Trouble‹ (1990; dt. ›Das Unbehagen der Geschlechter‹, Frankfurt am Main 1991); ›Bodies That Matter‹ (1993; dt. ›Körper von Gewicht‹, Berlin 1995); ›Excitable Speech‹ (1996; dt. ›Haß spricht‹, Berlin 1998).

bisherigen Feminismus die affirmative Konstruktion von »Weiblichkeit« und »Frau-Sein« ebenso kritisiert wie die Idee der Gleichberechtigung der Geschlechter, weil in beiden Fällen nämlich immer schon ein Geschlecht vorausgesetzt wird. Für den Postfeminismus gibt es kein gemeinsames »weibliches« Interesse; eine Verteidigung der »Weiblichkeit« führt vielmehr zu einer Verfestigung der verdinglichten Geschlechterverhältnisse. Im postmodernen Geschlechterkampf müssten allerdings Optionen des Widerstands entwickelt werden, die über die »binäre Opposition« von »Weiblichkeit / Männlichkeit«, »Frau / Mann« hinausgehen und die Zweigeschlechtlichkeit überhaupt in Frage stellen. Das heißt, so wie die Geschlechter diskursiv und performativ erzeugt werden, können sie auch durch eine Praxis der Ermächtigung (»Empowerment«, »Queer Politics«) irritiert werden. In diesem Sinne versteht Butler ihre Theorie als »queer«, also als »quere«, oder besser »verrückte«, »verwirrte« Theorie. »Queer« ist eine Identität ohne Essenz, ohne Referenz; solche Identität ist nichts Statisches, sondern ein fließender Prozess der »Performativität«. Als Beispiel für solche postfeministische »Queer Politics« wird immer wieder auf Popstars wie Madonna verwiesen, die mit den ihnen zugewiesenen sozialen und geschlechtlichen Rollen spielen, indem sie ironisch und spielerisch immer neue Möglichkeiten der Sexualität ausprobieren.

> »Die Frage lautet künftig nicht mehr, wie das soziale Geschlecht als eine und durch eine bestimmte Interpretation des biologischen Geschlechts konstituiert wird (eine Frage, bei der die ›Materie‹ des biologischen Geschlechts von der Theorie ausgespart bleibt), sondern vielmehr: Durch welche regulierenden Normen wird das biologische Geschlecht selbst materialisiert?«
> Judith Butler, ›Körper von Gewicht‹

In ihrem ›Manifest für Cyborgs‹ hat Donna Haraway die Dekonstruktion der binären Opposition der Geschlechter als Auflösung des menschlichen Körpers im Sinne von kypernetischen Organismen oder lebenden Maschinen in Betracht gezogen: Die Infragestellung der Zweigeschlechtlichkeit müsse als radikale Kritik der biologischen Einheit des Menschen fortgesetzt werden. »Die Cyborg als imaginäre Figur und als gelebte Erfahrung verändert, was am Ende des 20. Jahrhunderts als Erfahrung der Frauen zu betrachten ist ... Cyborgs sind Geschöpfe einer Post-Gender-Welt. Nichts verbindet sie mehr mit Bisexualität, präödipaler

Symbiose, nichtentfremdeter Arbeit oder anderen Versuchungen, organische Ganzheit durch die endgültige Unterwerfung der Macht aller Teile unter ein höheres Ganzes zu erreichen ... Die Cyborg ist eine überzeugte Anhängerin von Partialität, Ironie, Intimität und Perversität.« Die postfeministische Kritik der Geschlechterverhältnisse löst sich in einer postmodernen Technowelt auf, in der die Maschine das neue Geschlecht darstellt ...

»Ich kann ein Sexsymbol sein, aber deshalb muss ich kein Opfer sein.«
Madonna

Die Postmoderne geht nicht länger von einem identischen Subjekt aus; vielmehr behauptet sie, dass der Mensch nur ein Effekt der Macht ist. Der Postfeminismus hat diese Kritik hinsichtlich des Geschlechts und der Sexualität radikalisiert: In postmoderner Perspektive gibt es keinen biologischen Körper; stattdessen ist die Biologie selbst eine performative oder diskursive Ordnung der Macht.

Ästhetik nach der Kunst

Die Postmoderne verteidigt eine Ästhetik der Post-Avantgarden. Sie versucht beides: den Avantgardismus ohne Moderne fortzusetzen und die Moderne ohne die Avantgarden. Damit wird ein endgültiges Ende der Kunst in Betracht gezogen. Die postmoderne Ästhetik distanziert sich deshalb von den ästhetisch-künstlerischen Maßgaben der Moderne und bringt das Erhabene, den Kitsch, das Ornament, die Unterhaltung ins Spiel.

Avantgarde und Kitsch

Der Begriff Avantgarde ist ein militärischer, mit dem eine Vorhut bezeichnet wird, die als kleine und bewegliche Gruppe in unbekanntes (Feind-)Gebiet vorstößt. Als Begriff für bestimmte künstlerische Strömungen und politische Bewegungen ab Ende des 19. Jahrhunderts fällt er nicht selten mit dem ästhetischen Begriff der Moderne zusammen. Die künstlerische Avantgarde richtet sich gegen das Alte, gegen die Tradition und setzt sich emphatisch von den etablierten, »bürgerlichen« Kunstauffassungen ab. Den Avantgarde-Bewegungen ging es nicht nur um eine neue Kunst, sondern um einen neuen Kunstbegriff und eine – ästhetische – Infragestellung der gesellschaftlichen Funktion von Kunst. Die Kunst sollte aus ihrer sozialen Isolation befreit und mit dem Alltagsleben verbunden werden. Darüber hinaus sollte das Leben selbst zur Kunst avancieren, um sich so von den sozialen Zwängen zu lösen. In dieser Weise beanspruchte die Kunst die emanzipatorische Rolle einer Avantgarde. Zum Programm der Avantgarde gehörte es nicht nur, die ästhetischen Konventionen zu kritisieren (Werk, Leinwand, Farbe, Rahmen, Museum, die Grenzen zwischen den Künsten und Gattungen etc.), sondern auch die Ästhetik insgesamt zu reflektieren: Sofern Ästhetik als »sinnliches Wahrnehmen« verstanden wird, bedeutet dies zum Beispiel ein Verunsichern oder Verändern der Sehgewohnheiten und Perspektiven. Sofern Ästhetik als »Lehre des Schönen« verstanden wird, geht damit ein künstlerisches Kontrastprogramm einher, das sich vom Schönen ablöst und mit dem Hässlichen, Erhabenen, Beiläufigen und dergleichen arbeitet. Zu den künstlerischen Avantgarde-Bewegungen werden etwa der Futurismus, der Dadaismus, der Surrealismus, der Kubismus und der Expressionismus gerechnet. Dazu gehörte auch die Auseinandersetzung mit den neuen künstlerischen Techniken wie Fotografie und Film.

Die Moderne Kunst ist allerdings nicht nur durch die Avantgarden zu kennzeichnen, sondern ebenso durch die Entwicklung der populären Massen- und Unterhaltungskunst. Walter Benjamin hat in seinem Aufsatz ›Das Kunstwerk im Zeitalter seiner technischen Reproduzierbarkeit‹ von 1936 dargelegt, wie sich insbesondere durch den Film die Wahrnehmungsweise des Publikums vollständig ändert und eine authentische, autonome Kunst (Benjamin spricht vom Verlust der künstlerischen »Aura«) überflüssig wird. Drei Jahre später kommt Clement Greenberg in seinem Aufsatz ›Avantgarde und Kitsch‹ (1939) zu einem ähnlichen, aber weiter reichenden Ergebnis: Nicht nur habe die Massenkunst über die hohe Kunst gewonnen, sondern auch der Kitsch über die Avantgarde.

Zwar hat es vor allem in der US-amerikanischen Malerei mit Pop-, Op-, Minimal-, Concept-Art Versuche gegeben, die Idee der Avantgarde nach dem Zweiten Weltkrieg fortzuführen, doch konnte sie sich gegen die Ausbreitung der populären Massenkunst nicht länger behaupten – weshalb man von einem Ende der Avantgarde spricht (vgl. Peter Bürger, ›Theorie der Avantgarde‹, Frankfurt am Main 1974). Im Namen einer postmodernen Ästhetik wird hingegen darauf aufmerksam gemacht, dass sich gerade jenseits der modernen Differenz von Hochkultur und Massenkunst, nämlich in der Popkultur, ein neues Möglichkeitsfeld subversiver »Post-Avantgarden« bietet.

Begehren, Spiel und Körper
Gegen den ästhetischen Ernst der Moderne plädiert die Postmoderne für eine Ästhetik des Spielerischen. Damit verweist sie nicht nur auf eine neue Leichtigkeit und betont die lustvollen Aspekte der Kunst, sondern setzt sich auch in Opposition zur Arbeit. In der Moderne war es Friedrich Schiller, der schon das Spielerische verteidigte: Er bestimmte das ästhetische Bedürfnis des Menschen durch dessen Spieltrieb, mit dem Stoff- und Formtrieb zusammengeführt werden sollen; darin manifestiere sich die Freiheit des Menschen beziehungsweise die Freiheit der Kunst. Während es in der modernen Fassung aber noch um Schönheit, Sinn und Wahrheit geht, zielt die postmoderne Ästhetik auf eine ironische Intensivierung des Sinnlosen, auf die Vervielfältigung der ästhetischen Wahrheit. Das Spielerische ist weniger Bedürfnis, sondern vielmehr Begehren (was bis in die Ästhetik postmoderner Theorie reicht und sich etwa in einer Lust am Text ausdrücken kann).

Spiel und Begehren bewegen sich jenseits der kontemplativen, elitären Zugangsweisen zur Kunst der Hochkultur; vielmehr geht es um Unterhaltung, Entertainment und Amüsement, also um die Massenkunst der Popkultur. Die Postmoderne betont darüber hinaus die körperliche Dimension ästhetischer Erfahrung: Formen einer spielerischen »Körperästhetik« findet sie zum Beispiel in der Disco- und Club-Kultur, der Popkultur und den ekstatischen »Raves« der House- und Techno-Musik. Schließlich wird der Körper selbst zum Aktionsfeld und zur Oberfläche der postmodernen Ästhetik: Einerseits wird der Körper durch Mode oder Tätowierungen zum Kunstwerk, andererseits wird die Inszenierung des Körpers zum Ausdruck einer »Ästhetik der Existenz«, einer postmodernen Haltung, die für eine sinnliche, am Genuss orientierte Lebenskunst eintritt.

> »Wir müssen uns selbst als ein Kunstwerk schaffen.«
> Michel Foucault

Ähnliche postmoderne Strategien einer Ästhetik des Spiels und des Begehrens sind Fake, Camp oder Pastiche. Gegen die moderne hebt die postmoderne Ästhetik die Vieldeutigkeit des Symbolischen hervor und bekennt sich zum Ornament, zur Peripherie, zur Grenzüberschreitung und zum offenen Kunstwerk. Insgesamt zielt die Ästhetik der Postmoderne nicht nur auf eine Umwertung ästhetischer Maßstäbe, sondern auf eine ironische Überbewertung: Das Schöne wird so bis zum Kitsch überzeichnet, der Kitsch wiederum bis zum Schönen gesteigert; ebenso kann auch das Hässliche und Abstoßende mit einer spielerischen Leichtigkeit zur Attraktion, zum Süßlichen und Hübschen verwandelt werden. Die Postmoderne kennt kein Original mehr, überwindet das Authentische; stattdessen lobt sie die Kopie, die Fälschung und das Zitat. Susan Sontag – die auch den Begriff Camp einführte – forderte statt der modernen Interpretation der Kunst eine postmoderne Erotik der Kunst. Das Spielerische als postmoderne Ästhetik des Begehrens mündet in einem Bekenntnis zur Oberfläche, zur Sinnlichkeit, zur ornamentalen Überzeichnung der Kunst.

Das Erhabene
Gleichwohl versucht die Postmoderne im Spielerischen eine Antwort auf die Problemfrage der Kunst in der Gegenwart zu finden: Wie kann ästhetisch auf die Geschichte des 20. Jahrhunderts reagiert werden, mit welchen Mitteln ist das Grauen der Massenvernichtung darstellbar, beziehungsweise: Ist es überhaupt darstell-

---

Die Aufgabe des Erhabenen ist es, »dass die bildnerische, wie jede andere, Expression vom Unausdrückbaren Zeugnis abzulegen hat. Das Unausdrückbare ist nicht in einem Jenseits, einer anderen Welt oder einer anderen Zeit beheimatet, sondern darin, *dass es geschieht, dass etwas geschieht*. In der bildenden Kunst ist das Unbestimmte, das *Es geschieht*, die Farbe, das Bild. Die Farbe, das Bild ist als Vorkommnis, als Ereignis nicht ausdrückbar, und davon hat sie Zeugnis zu geben ... Dass hier und jetzt dies Bild ist, und nicht vielmehr nichts, das ist das Erhabene.«
»Erhabenheit ist dann nicht mehr in der Kunst, sondern in der Spekulation über die Kunst. Das Rätsel des *Geschieht es?* löst sich aber deshalb nicht auf, und es bleibt die Aufgabe, zu malen, dass es etwas gibt, das nicht bestimmbar ist: das *Es gibt* selbst ... Das Fragezeichen des *Geschieht es?* unterbricht. Im Vorkommnis ist der Wille besiegt. Die Aufgabe der Avantgarde bleibt, die Anmaßung des Geistes gegenüber der Zeit aufzulösen. Das Gefühl des Erhabenen ist der Name dieser Blöße.«
Jean-François Lyotard, ›Das Inhumane. Plaudereien über die Zeit‹, Wien 1989, S. 164f., S. 186f.

bar? Es geht also in der postmodernen Ästhetik um die Darstellung von etwas, das nicht dargestellt werden kann, das nicht benennbar ist, nicht erfahrbar.

Die moderne Ästhetik, die noch die Einheit des Schönen, Guten und Wahren postulierte, verfügt mitnichten über die Mittel, die moderne Geschichte begreifbar zu machen. Ein Gedicht nach Auschwitz zu schreiben sei barbarisch, resümierte Theodor W. Adorno das Scheitern der Ästhetik in der Moderne. Gerade die Ästhetisierung des Alltagslebens ist zum Vehikel des Modernisierungsprozesses geworden, den die NS-Gesellschaft repräsentiert. In der Postmoderne hat sich negativ eingelöst, was Hegel für die Ästhetik der Moderne bereits voraussah: das Ende der Kunst, indem sich ihre gesellschaftliche Funktion überholt hat.

Scheinbar paradox bekennt sich allerdings die Postmoderne offensiv zu einer Ästhetisierung der Politik: Sie setzt aber nicht auf die machtvolle Inszenierung der Schönheit (Rasse, Volk, Staat), sondern auf eine Intensivierung der ästhetischen Erfahrung. Sie löst das Erhabene von der Kunst und verteidigt das Ästhetische als Praxis einer Lebenskunst. – Schon in der philosophischen Ästhetik der Neuzeit hatte Edmund Burke das Erhabene als die ästhetische Erfahrung definiert, die dem Subjekt etwas vor Augen führt, das für es unbegreiflich bleibt und größer ist als es selbst. Immanuel Kant hatte dann in seiner ›Kritik der Urteilskraft‹ das mathematische Erhabene (das unendlich Große oder Kleine, die Null) vom dynamisch Erhabenen (die Kraft der Naturgewalten, etwa Gewitter oder Sturm) unterschieden. Kant sagt, dass das Erhabene keine Eigenschaft, sondern ein Gefühl des Menschen ist. Vor allem in der Philosophie von Jean-François Lyotard wird diese Ästhetik des Erhabenen radikalisiert: Er spricht von ›Intensitäten‹.

Die Postmoderne steht im Zeichen einer Ästhetik des Erhabenen. Eine solche Ästhetik verteidigt den spielerischen Umgang nicht nur mit der Kunst, sondern ebenso mit dem Körper, mit dem Selbst. Die ästhetischen Strategien setzen das Vieldeutige gegen das Eindeutige, die Ironie gegen den Ernst, die sinnliche Lebenskunst gegen die Sinnlosigkeit des Lebens.

Kunst nach der Ästhetik

In der Postmoderne hat sich der Status der Kunst grundlegend gewandelt. Einerseits haben sich die Grenzen zwischen den Künsten aufgelöst, andererseits hat die Kunst ihre elitäre Position aufgeben müssen. Die Künste in der Postmoderne sind nicht mehr durch Eindeutigkeit bestimmt, sondern durch eine spielerische Vieldeutigkeit. Viele postmoderne Künstler propagieren den Abschied von der elitären Hochkultur und bekennen sich positiv zur Popkultur.

Verfransung der Künste
Die Situation der postmodernen Kunst erscheint vollständig paradox: Es ist eine Kunst nach dem Ende der Kunst, nachdem Kunst eigentlich nicht mehr möglich ist, denn ihr Anspruch auf Originalität, auf Authentizität, auf die Autonomie des Kunstwerks ist kaum mehr haltbar, ihre gesellschaftliche Funktion zunehmend schwerer begründbar. So hat Kunst weniger mit Virtuosität, Genie oder Qualität zu tun, als vielmehr mit politischem, ökonomischem oder gesellschaftlichem Nutzen.

In der Moderne hatte sich eine klare Hierarchie der Künste herausgebildet, nach der etwa die Poesie über der Architektur steht etc. Außerdem war jede Kunst durch ihren sozialen Raum begrenzt (so gehörte zur Moderne die »Definition« von Kunstwerken durch einen Bildrahmen ebenso wie die »Definition« der Kunst durch den Ausstellungsraum, durch das Museum oder die Galerie). Gleichwohl wurden bereits durch die ästhetische Moderne die Hierarchisierungen und Beschränkungen der Künste in Frage gestellt: Adorno diagnostizierte eine »Verfransung der Künste«, wonach zum Beispiel Noten zur Grafik werden können, Grafik wiederum in Musik übersetzbar ist. Damit wird es tendenziell unmöglich anzugeben, was überhaupt noch Kunst ist.

Die Postmoderne radikalisiert diesen Befund noch, indem sie nicht nur die Frage nach der Kunst neu oder anders stellt, sondern die Definition selbst überschreitet, die Begrenzungen der Kunst niederreißt und Kunst nunmehr in der Peripherie, in den Randzonen des Bedeutungslosen verortet. Die Postmoderne kümmert sich nicht um die Demarkationslinien, die zwischen einer elitären Kunst und der Massenkunst verlaufen, weder ihrem Inhalt nach noch hinsichtlich der technischen Formen. U und E, unterhaltende und ernste Künste, werden gemischt, und es kommt zu einem Crossover (ein Begriff, der sich im Pop für genreübergreifende Rockmusik etablierte). Damit redigiert die Postmoderne einmal mehr auch die Idee einer linear fortschreitenden Kunstgeschichte, indem einerseits alles Vergangene für die Gegenwart zitierbar und damit aktualisierbar wird, indem andererseits aber auch ganz neue und mehrschichtige historische Linien möglich sind, die sich nicht einmal an eine Chronologie halten müssen: nicht nur Bach, Brahms, Bartók, Beatles und Björk, sondern ebenso Beethoven, Beastie Boys, Bruckner, Botticelli und Jorge Ben.

> Einige Beispiele für postmoderne Kunst und Ästhetik, die in den Diskussionen immer wieder vorkommen. – Umberto Eco: ›Der Name der Rose‹, ›Das Foucaultsche Pendel‹; Filme: ›Blue Velvet‹, ›Blade Runner‹, ›Brazil‹; Fernsehen: ›Twin Peaks‹; Musik: Talking Heads, John Cages ›4'33"‹, ›Techno‹; Magazine wie ›The Face‹ oder ›I-D‹; Möbel: Memphis Chair; Architektur: AT&T-Gebäude in New York; Warhols ›Diamond Dust Shoes‹, Barnett Newmans ›Who's Afraid of Red, Yellow and Blue‹ (I-IV) …

Die Kunst in der Postmoderne läuft auf die Aufhebung des Werkbegriffs hinaus; letztendlich mündet dies in einer Aufhebung der Kunst in Lebenspraxis: Kunst konvergiert mit politischer Information und Intervention – auch als Versuch, der Kunst wieder eine gesellschaftliche Reichweite zu geben. Dazu gehört auch, die Kunst einem immer größeren und breiteren Publikum zugänglich zu machen: Jeder kann Kunst verstehen (letztendlich aber auch, weil es nichts mehr in der Kunst zu verstehen gibt). Begleitet wird diese Entwicklung in der bildenden Kunst durch die wachsende Bedeutung des Kunstmarktes (Stichwort: Kunst als Ware) und der Galerien. Schon in den Achtzigern und Neunzigern wurde diese Entwicklung durch »postmoderne Künstler« wie Baselitz, Richter und die Neuen Wilden, später auch Kippenberger und Oehlen konterkariert. Die Situation der Kunst in der Postmoderne bleibt allerdings dadurch gekennzeichnet, dass sie ihre gesellschaftliche Funktion eingebüßt hat, was bleibt, ist ein Spektakel, das zum Skandal nicht mehr fähig ist. Auch das treibt die Kunst in die Beliebigkeit und Bedeutungslosigkeit; als Teil der Kulturindustrie ist die Kunst zur Reklame der postmodernen Gesellschaft geworden, wie es etwa die Arbeiten von Jeff Koons in übertriebener Weise bekennen.

> »Die Vorstellung von einer Kunst für die ›Gebildeten‹ und einer Subkunst für die ›Ungebildeten‹ bezeugt den letzten Überrest einer ärgerlichen Unterscheidung innerhalb der industrialisierten Massengesellschaft ...«
>
> Leslie Fiedler, ›Cross the Border, close the Gap‹

Die Tendenz, die Postmoderne mit der Popkultur zu verschmelzen, geht auf die fünfziger und frühen sechziger Jahre zurück. Ganz im Sinne einer postmodernen Ästhetik der Intensivierung hatte der Popkünstler Jasper Johns davon gesprochen, dass Kunst sich auf Dinge konzentrieren soll, »die gesehen, aber nicht wahrgenommen werden«. Der Begriff ›Pop‹ geht auf Richard Hamilton und auf Eduardo Paolozzi zurück; Lawrence Alloway hatte 1959 ganz postmodern eine »Ästhetik der Fülle« gefordert. Solche Fülle des Sinnlichen hatte sein Vorbild indes weniger in der Hochkultur, sondern in der populären Kultur, etwa in den James-Bond-Filmen oder in der von Hugh Hefner herausgegebenen Zeitschrift ›Playboy‹.

Zum Beispiel Literatur

Eine Rückkopplung zwischen Postmoderne und Popkultur gab es zunächst in der Literatur in den Vereinigten Staaten der sechziger Jahre. Es ist kein Zufall, dass der Artikel, mit dem der Literaturwissenschaftler Leslie A. Fiedler den Begriff Postmoderne einführte, 1968 im ›Playboy‹ erschien. In dem Text ›Cross the border, close the gap‹ plädierte Fiedler für eine Verschmelzung von neuen Medien und Literatur, für eine offensive Hinwendung zu Drogen, zum Warenkonsum, zu Subkulturen. Mit modernen literarischen Mitteln schien es nicht mehr möglich zu sein, ein durch Krieg, aber auch durch technischen Fortschritt verändertes Alltagsleben ausdrücken zu können. Die Erfahrungen in der neuen Gesellschaft konnten nicht länger durch klare, narrative Handlungsstrukturen erfasst werden; auch die Sprache der Hochliteratur hatte versagt. Es ging also um eine neue Sprache, um Slang, um einen neuen literarischen Zugang zur Realität, um eine Neuerfindung der Wirklichkeit. Der Schriftsteller Frank O'Hara sagte ganz postmodern, dass alles zur Kunst werden kann, was real existiert. Zugleich hatte sich die soziale und ökonomische Stellung der Schriftsteller gewandelt: Nicht nur waren sie als Maler oder Musiker auch in anderen Künsten zu Hause, beurteilten als Kritiker oder Verleger ihre Kollegen, schrieben in Autorenkollektiven, sondern sie führten Randexistenzen, lebten von Gelegenheitsjobs.

Man sprach vom Underground – wie Avantgarde ein militärischer Begriff: Die Schriftsteller befanden sich sozusagen in einem literarischen Guerillakampf mit dem Establishment. Sie waren die geschlagene Generation, die Beat-Generation, die sich am verachteten Jazz orientierte und auf der Straße lebte. Ihr Bildungsroman hieß ›Unterwegs‹ von Jack Kerouac. In der Postmoderne wurde das Alltägliche zum Ereignis, und dieses Ereignis wurde zur Literatur. Marcel Proust, Franz Kafka und vor allem James Joyce gelten als die modernen Vorläufer dieser neuen Untergrund-Literatur.

Schließlich wurde die postmoderne Literatur selbst zum Ereignis, experimentierte wie zum Beispiel William S. Burroughs mit der Grenzüberschreitung der Künste, setzte audiovisuelle Medien ein und fragmentierte damit in postmoderner Weise die sinnliche Wahrnehmung. Gleich einem Drogenrausch wurde die Synästhesie, die Einheit des sinnlichen Wahrnehmens, außer Kraft gesetzt. Mit einer Verbindung von Lesungen, Kunst und Plattenauflegen arbeitete 1969 auch Rolf Dieter Brinkmann, der den Begriff ›Postmoderne‹ in Deutschland bekannt zu machen versuchte. Im Prinzip hat es später mit dem Rap, aber auch mit der so genannten Slam-Poetry und der Popliteratur eine ganz ähnliche Entwicklung gegeben.

Durch die neuen Medien, nicht zuletzt durch die digitale Technologie, hat sich in der Postmoderne das Verhältnis von Sprache, Schrift und Kommunikation auch außerhalb der literarischen Produktion grundlegend verändert. Künstler wie etwa die Musikerin

»It is 12:20 in New York a Friday / Three days after Bastille day, yes / It is 1959 and I get a shoeshine / Because I will get off the 4:19 in Easthampton.«

Frank O'Hara: ›The Day Lady Died‹, in: Frank O'Hara, ›The Collected Poems of Frank O'Hara‹, hg. v. Donald Allen

Laurie Anderson haben darauf reagiert: Sie spricht in Bildern, ihr ganzer Körper wird zum Instrument, mit dem sie ›live‹ Musik schreibt – »Die Sprache ist ein Virus« heißt eines ihrer populären Musikstücke. Schon die Underground-Literatur der sechziger Jahre experimentierte mit Montagen und Collagen aus Zeitungsausschnitten, Fotografien, Texten.

Ein Vorbild für diese Entwicklung waren die in der Massenkultur längst etablierten, aber nie als Kunst wahrgenommenen Comics und ihre Helden. In den Sprechblasen der Comics sahen postmoderne Schriftsteller und Theoretiker wie etwa Umberto Eco eine notwendige, aber auch ironische Auflösung der bisherigen Ordnung der Künste sowie eine gelungene Verschmelzung von Unterhaltung und kritischer Kunst zum »offenen Kunstwerk«. Das offene Kunstwerk ist »eine Maschine zur Erzeugung von Interpretationen« (Eco).

> »Ich ziehe eine vermurkste Lebendigkeit einer langweiligen Einheitlichkeit vor … Gute Architektur spricht viele Bedeutungsebenen an und lenkt die Aufmerksamkeit auf eine Vielzahl von Zusammenhängen: ihr Raum und ihre Elemente sind auf mehrere Weisen gleichzeitig erfahrbar und benutzbar.«
> Robert Venturi

Mit ›Der Name der Rose‹ hat Umberto Eco schließlich 1980 den »idealen postmodernen Roman« veröffentlicht, der sogar eine Millionenauflage erreichte: einerseits ein Kriminalroman, Unterhaltungsliteratur, andererseits ein komplexer Text; ein Hybrid aus Trivial- und Hochliteratur. Alles wird zitierbar, denn alles ist Text, Schrift, Literatur. Zugleich spielt Eco in dem Roman mit dem Leser – bis zum Schluss des Buches bleibt unklar, ob es sich um einen Kriminalroman handelt oder nicht. In diesem Spiel verschwindet schließlich sogar Eco als Autor; postmodern erklärt Eco dazu: »Der Autor müsste das Zeitliche segnen, nachdem er geschrieben hat. Damit er die Eigenbewegung des Textes nicht stört.« (Umberto Eco, ›Nachschrift zu »Namen der Rose«‹, S. 14)

Zum Beispiel Architektur

In keinem Bereich der Künste ist die Postmoderne kontroverser diskutiert worden als in der Architektur. Auch für die postmoderne Architektur zählt indes eine Auseinandersetzung mit der Moderne (wobei in der Diskussion immer wieder auf die Nähe zwischen einer kritischen Moderne und der postmodernen Kritik der Moderne hingewiesen wurde); so darf es nicht verwundern, dass Charles Jencks, der den Begriff der Postmoderne in die Architektur einführte, ebenso von einer Spätmoderne und einer dekonstruktiven Architektur sprach. Erst über die Architekturdebatte ist dann die Diskussion um die Postmoderne auch in der Philosophie aufgegriffen worden. Insbesondere die postmoderne Ästhetik des Erhabenen, wie Lyotard sie vorgeschlagen hat, ließ sich leicht mit den postmodernen Bauprojekten der späten Siebziger und Achtziger verbinden. Die berühmten Architekten der Postmoderne heißen: Ricardo Bofill, Michael Graves, Hans Hollein, Charles Moore, Robert Stern, James Stirling und Robert Venturi.

»North-Michigan« (Chicago, Illinois)
Die postmoderne Architektur zitiert die Antike, den Klassizismus, spielt mit der Fassade und verabschiedet sich von der Eindeutigkeit des repräsentativen Bauens.

Auch die Idee der postmodernen Architektur wird dominiert vom spielerischen Umgang mit den Stilen und Epochen, bei gleichzeitiger Ablehnung eines architekturgeschichtlichen Kanons. Das postmoderne Zitieren von griechischen Säulen, klassischen Giebeln und Butzenscheiben ermöglicht eine Mehrfachkodierung, die mit den modernen Maßgaben des Repräsentationsbaus radikal bricht. In diesem Sinne versteht Heinrich Klotz unter einer postmodernen Architektur allgemein »dasjenige Bauen, das den Auflagen der Moderne nicht mehr ausschließlich folgt«. Das Programm der Moderne hieß »Form follows function«, während die Postmoderne unter dem Motto »Form follows fiction« steht: Postmodern ist eine Architektur zu nennen, die die ästhetische Fiktion zum leitenden Prinzip erklärt. Die postmoderne Architektur ist eine erzählende Architektur, die zugleich als Übertreibung aller Utopien der Moderne verstanden werden kann.

»Learning from Las Vegas« hieß die Parole der postmodernen Architektur, die ihre Vorbilder im touristischen Kitsch, in den Casino-Bauten und den Vergnügungsparks fand: Warum nicht eine Welt baulich genau nach dem Bild gestalten, das der Warenkon-

Das Ende der modernen Architektur. Die Sprengung der Siedlung Pruitt-Igoe am 15. Juli 1972. Die mit postmoderner Architektur neu aufgebaute Siedlung ist heute allerdings wieder weitgehend bis zur Unbewohnbarkeit zerstört ...

sum verspricht? In diesem Sinne hat Charles Jencks die Architektur der Postmoderne als »dissonante Schönheit« oder »disharmonische Harmonie« bezeichnet. Der Stilpluralismus der Postmoderne ist durch einen »radikalen Eklektizismus« gekennzeichnet, die »Vermischung von verschiedenen Sprachen, um verschiedene Geschmackskulturen in Anspruch zu nehmen und verschiedene Funktionen gemäß ihrem entsprechenden Modus zu definieren«. Wie man am Beispiel von James Stirlings Erweiterung der Tate Gallery in London sehen kann, feiert die Postmoderne eine Rückkehr zum Inhalt, zum Ornament, zum »eleganten Urbanismus«. Die postmoderne Architektur ist insofern eine Neuinterpretation der Tradition, die mit der Mehrdeutigkeit und den Widersprüchen der Moderne spielt. Die Architektur wird, wie Jencks sagt, zu einer »neuen rhetorischen Figur«. In postmoderner Weise hatte dafür schon 1970 der Architekt Hans Hollein den programmatischen Leitsatz formuliert: »Alles ist Architektur.«

»Der von Charles Jencks vorgeschlagene Begriff einer Mehrfachkodierung soll der Architektur ermöglichen, sich an alle zu wenden, an die breite Massen wie an die Elite: gerade damit werden der Eklektizismus des Stils und der willkürliche Rückgriff auf vergangene Stile, das heißt der postmoderne Historismus gerechtfertigt.«

Gérard Raulet, ›Zur Dialektik der Postmoderne‹

Die postmoderne Architektur ist als Kritik des »Bauwirtschaftsfunktionalismus der Nachkriegszeit« (Heinrich Klotz) zu verstehen. Symbolisch für das Ende der modernen Architektur war die Sprengung einer Wohnsiedlung am 15. Juli 1972 – die Bewohner hatten den funktionalistischen Großbau aus den fünfziger Jahren selbst demoliert und schließlich unbewohnbar gemacht. Damit verabschiedet die Postmoderne die moderne Idee der »Wohnmaschine«, wie sie von Gropius und Le Corbusier entworfen wurde.

Das Spielerische suggeriert die postmoderne Architektur auch durch eine Leichtigkeit im Bau, durch Konstruktionen, die aufgrund technischer Möglichkeiten nicht mehr statisch und »ewig« wirken, sondern fließend und veränderbar. Kritisiert wurde der affirmative Eklektizismus der Postmoderne schließlich als »nostalgischer ›Zitat-Pop‹« (Hans-Peter Schwarz). Außerdem hätte die postmoderne Architektur die Fehler der modernen Architektur wiederholt, indem sie den Einzelbau isoliert hat und unabhängig von städtebaulichen und sozialen Erfordernissen die menschlichen Bedürfnisse vom Reißbrett aus verplant haben.

Zum Beispiel Film

Nicht nur ist die Postmoderne stark von den Inhalten der Popkultur beeinflusst, sondern auch von ihrer technologischen Entwicklung: Die Digitalisierung der Wirklichkeit, das Internet und die virtuelle Realität sind zu Grundbausteinen der postmodernen Gegenwart geworden. Die Übergänge zwischen den Künsten, zwischen Kunst und Alltagsleben, zwischen den Medien sind fließend, zwischen Fiktion und realer Geschichte kann kaum noch unterschieden werden.

Diese Erfahrung der Illusion beziehungsweise Illusion der Erfahrung verkörperte in der modernen Kultur vor allem das Kino. In der Postmoderne sind Kino und Film als Kunst vollends akzeptiert. Im Kino löst sich die Moderne auf; im postmodernen Film verschwinden die modernen narrativen Strukturen, die alten Helden, die lineare Handlung. Die Filmkunst bewegt sich dabei an der Schwelle zwischen Trivialkultur und Avantgarde. Die Filme

---

DER KRITIKER: »Ich verstehe nicht, wieso die Leute ›Pulp Fiction‹, diesen Film von Tarantino, so gut finden. Das ist ein sadistischer, brutaler Film.«

DER POSTMODERNE: »›Pulp Fiction‹ durchbricht filmische Konventionen, wie Godard, und er zitiert Szenen aus anderen Filmen. Er ist postmodern … Tarantino zitiert Gangsterfilme, Western … Der Film gibt von vornherein zu, dass er ›pulp‹ ist, also schlechter Krimi, Schundliteratur. Das ist ein Beispiel für postmoderne Reflexivität.«

DER KRITIKER: »Wird ein schlechter Film dadurch gut, dass er zugibt, ein schlechter Film zu sein?«

DER POSTMODERNE: »Der Film dekonstruiert ein Genre, er geht den Klischees der Gangsterfilme und Western nach, er treibt sie so weit, dass sie schon absurd werden … Und jetzt bedenken Sie diese raffinierte Intertextualität! Alle kennen den furiosen Tanzstil Travoltas, im weißen Anzug, aus ›Saturday Night Fever‹, dem Hit von 1977. Jetzt, 1994, tanzt Travolta wieder, aber jetzt ist er älter, dicker geworden und trägt Jeans. Es tanzt Travolta und doch nicht Travolta, eine sich selbst dekonstruierende Ikone.«

Dieter Prokop, ›Mit Adorno gegen Adorno. Negative Dialektik der Kulturindustrie‹ Hamburg 2003, S. 155ff.

Postmodern Times – ›Pulp Fiction‹ (1994) und Vorbilder

von Peter Greenaway (›Drowning by Numbers‹, 1987) oder Quentin Tarantino (›Pulp Fiction‹, 1994) gelten als Paradebeispiele für das Kino der Postmoderne.

Über die Filmkunst hinaus versteht die Postmoderne das Kino sogar als Möglichkeit einer eben postmodernen Geschichtsschreibung. Nach Norman K. Denzin ist der postmoderne Mensch ein Voyeur, der sich inmitten einer Welt voller Symbole in den medialen Bildern von Kino und Fernsehen gewissermaßen selbst beobachtet. In Anlehnung an Jencks' Formulierung ›Learning from Las Vegas‹ stellt Denzin ein ›Learning from Cinema‹ – »vom Kino lernen« – zur Diskussion und untersucht in dieser Perspektive Filme wie ›Blue Velvet‹, ›Wall Street‹, ›Crimes and Misdemeanors‹, ›Paris, Texas‹, ›When Harry Met Sally‹, ›Sex, Lies and Videotape‹ oder ›Do the Right Thing‹.

Zum Beispiel Musik

Schon die sinfonischen Werke der Spätromantik des 19. Jahrhunderts können als postmodern bezeichnet werden. Im Finalsatz von Hector Berlioz' ›Sinfonie fantastique‹, in den Opern Richard Wagners, in den strahlenden Sinfonien Anton Bruckners und in der Zerrissenheit der Großkompositionen Gustav Mahlers werden Elemente einer Ästhetik des Erhabenen hörbar, die sich zugleich dem modernen Begriff der Schönheit entziehen. Die Konzentration auf das Klangerlebnis und die sinnlich-körperliche Unmittelbarkeit rhythmischer Erfahrungen sind darüber hinaus die deutlichsten Kennzeichen der Musik in postmoderner Perspektive; die Verbesserung der Reproduktionstechnik von der Schallplattenaufnahme bis zur digitalen Wiedergabe hat dieser Perspektive zudem den Weg geebnet: Per CD und Internet wurde die musikalische Moderne gewissermaßen nachträglich zum postmodernen Klangerlebnis.

Die Verkettung von Moderne und Postmoderne zeigt sich dann in den Auflösungserscheinungen der neuen Musik. Hatten Komponisten wie Arnold Schönberg, Alban Berg und Anton Webern die Musik zunächst von der Tonalität befreit, hatte etwa Béla Bartók die Musik polyrhythmisch erweitert, so gilt John Cages berühmte Komposition ›4'33"‹ als die postmoderne Konsequenz der Moderne: Die Komposition (für Klavier oder Ensembles) hat in vier Sätzen je eine Pause und besteht aus vier Minuten und 33 Sekunden Stille (beziehungsweise, ebenfalls postmodern zu verstehen, macht sie die »Musik« neben der Musik hörbar, nämlich die Geräusche des Alltags oder der Natur).

Insbesondere im Bereich der Musik zeigt sich, wie sehr zwischen Postmoderne und Popkultur ein Zusammenhang besteht. Die populäre Musik ist postmodern in der Gleichzeitigkeit ihrer Trends. Popmusik beruft sich nicht auf einen Kanon; stattdessen

---

Watch out you might get what you're after /
Cool babies strange but not a stranger I'm an ordinary guy /
Burning down the house /
Hold tight wait till the party's over / Hold tight /
We're in for nasty weather /
There has got to be a way /
Burning down the house /
Here's your ticket pack your bag: time for jumpin' overboard /
The transportation is here /
Close enough but not too far, /
Maybe you know where you are /
Fightin' fire with fire /
All wet hey you might need a raincoat /
Shakedown dreams walking in broad daylight /
Three hun-dred six-ty five de-grees /
Burning down the house /

wird immer das Aktuelle und Neue behauptet, die Unmittelbarkeit und reine Gegenwärtigkeit des musikalischen Erlebnisses. So wie die Postmoderne Bedeutung beziehungsweise Sinneindeutigkeiten problematisiert, basiert die Popmusik auf der beständigen Erneuerung von Bedeutungszusammenhängen und Sinnstiftungen.

Für die Musik kann gesagt werden, dass ihr postmoderner Charakter in der Vielfalt besteht, in der Verabschiedung des Kanons: Alles ist möglich, von Minnesang bis Metal, HipHop-Opern und Sinfonieorchestern, die Rockbands begleiten, Country gemischt mit Minimal Techno; Kammerensembles, die Jimi Hendrix und Janis Xenakis spielen, Jazzbands, die Henry Purcell, Eric Satie ebenso wie Charlie Parker und John Zorn im Programm haben. Die Grenze zwischen E und U verschwindet nicht, sondern wird überschritten, als wenn es sie nie gegeben hätte.

»Wenn wir jetzt so weitermachen würden wie bisher, würden wir aussehen wie Leute, die versuchen, Radiohead zu kopieren. Das wäre zu verrückt ... zu postmodern.«

Radiohead in einem Interview mit Thomas Venker, in: ›Intro‹, Nr. 78, Oktober 2000, S. 23 [›Digital ist besser‹] Es geht um Radioheads Platte ›Kid A‹ (EMI 2000).

Deshalb verwundert es auch nicht, wenn in der Literatur immer wieder ganz unterschiedliche Musiker, Komponisten und Bands als postmoderne Beispiele aufgeführt werden; es finden sich: John Cage, Holger Czukay von Can, Miles Davis, Drum 'n' Bass ganz allgemein, Einstürzende Neubauten, Fred Frith, Brian Eno und David

---

It was once upon a place sometimes I listen to myself /
Gonna come in first place /
People on their way to work baby what did you expect /
Gonna burst into flame /
My house S'out of the ordinary /
That's right /
Don't want to hurt nobody /
Some things sure can sweep me off my feet /
Burning down the house /
No visible means of support and you have not seen nuthin' yet /
Everything's stuck together /
I don't know what you expect starring into the TV set /
Fighting fire with fire ...

Talking Heads, ›Burning Down The House‹
auf ›Stop making sense‹, 1984

Byrne, Philip Glass, HipHop, Laibach, Arto Lindsay, immer wieder Madonna, Wim Mertens, Postrock, Dieter Schnebel, Thelonious Monk, Radiohead, Terry Riley, der Punk, immer wieder Talking Heads, Techno insgesamt, Test Department, Die Tödliche Doris, John Zorn …

Durch die Postmoderne haben die klassischen Künste grundsätzlich ihren Stellenwert verändert: Ästhetische Ernsthaftigkeit und Unterhaltung sind austauschbar geworden. Gleichzeitig ist der Kanon der Künste um populäre Gattungen wie Film, Fernsehen, Mode oder Popmusik erweitert worden. In der Vieldeutigkeit der postmodernen Kunst findet zugleich die postmoderne Forderung nach einem pluralisierten Zugang zur Kunst ihren Ausdruck.

Die postmodernen Jahre

In den Siebzigern wurde die Postmoderne entdeckt. Ende der Neunziger scheint sie wieder verschwunden zu sein. Dazwischen lagen die Achtziger, und einiges spricht dafür, sie zum genuin postmodernen Jahrzehnt zu erklären. Zugleich kann man die Achtziger als das letzte Jahrzehnt der Moderne bezeichnen.

Die Siebziger ...

Die moderne Gesellschaft der Siebziger ging bereits mit der Postmoderne schwanger. Zwar hatte sich der Begriff und die Diskussion noch nicht durchgesetzt, doch deutete fast alles auf einen nahenden Bruch mit der bestehenden Werteordnung, wenn nicht sogar auf einen Zusammenbruch der Moderne überhaupt. Die Siebziger, das sind die letzten Jahre eines kalten Krieges und eines heißen Herbstes; Vietnam, die Ölkrise und das Ende der euphorischen Jahre des Wiederaufbaus ebenso wie eine politische Restauration. Im Schatten der Studentenproteste formiert sich eine Ökologiebewegung. Im Zuge einer sexuellen Revolution werden scheinbar die Grenzen bürgerlicher Zwangsmoral niedergerissen: Die Gesellschaft verliert ihre Intimität, macht das Private zur öffentlichen Angelegenheit. Der Massentourismus und die Vergnügungsparks prägen die neue Freizeitkultur. Die Siebziger sind von einer grundsätzlichen Irritation der einstmals klaren Grenzen zwischen Massenkultur und Hochkultur geprägt. Beat, Rock, Pop-Art, die Soulmusik, der Funk und dergleichen haben bereits in den verschiedenen Künsten der Endsechziger, von der Malerei über Musik und Literatur bis zur Architektur, einen subkulturellen Underground hervorgebracht. Nun verwandelt sich der Underground in einen Mainstream: Die Rockkonzerte der Megabands wie Rolling Stones, The Who oder Yes sind riesige Massenveranstaltungen, und der Weltkrieg findet

»Der bestimmende Grundzug der postmodernen Idee vom guten Leben ist das Fehlen einer Bestimmung des guten Lebens.«
Zygmunt Bauman, ›Flaneure, Spieler und Touristen. Essays zu postmodernen Lebensformen‹

als Kinoerlebnis statt: ›Star Wars‹ begründet die Erfolgsstrategie der Blockbuster-Filme. In den Siebzigern werden Jumbo-Jets und die Neutronenbombe entwickelt, ebenso Video und die Musikkassette; das erste künstlich befruchtete Kind wird geboren, der Mikroprozessor wird entwickelt, und im Weltraum treffen sich Apollo 18 und Sojus 19 ...

Die Achtziger ...
Ende der Siebziger begann sich der Begriff der Postmoderne in der Theorie durchzusetzen. 1979 erscheint Lyotards ›Das postmoderne Wissen‹, ein Schlüsseltext der Postmoderne-Debatte, die sich dann in den achtziger Jahren auf alle Lebensbereiche ausdehnt. Alles spricht für die Krise der Moderne und ein endgültiges Ende des Fortschrittsoptimismus: Bereits am 28. März 1979 kommt es in einem Atomkraftwerk im amerikanischen Harrisburg zu einem Störfall; am 26. April 1986 ereignet sich im Block 4 des Kernkraftwerks in Tschernobyl der bislang folgenschwerste Reaktorunfall. Der ökologische Raubbau hinterlässt – jedenfalls soweit absehbar – irreparable Schäden; das erste Mal wird von einer bevorstehenden Klimakatastrophe gesprochen. Zur selben Zeit zeigt aber auch die Entwicklung der Mikroelektronik ihre globale Wirkung: Die ersten Personal Computer werden entwickelt, die Betriebssysteme vereinfachen die Bedienung elektronischer Rechenmaschinen – das digitale Zeitalter hat begonnen. 1981 nimmt MTV mit den Worten »Ladies and Gentlemen: Rock and Roll!« seinen Sendebetrieb auf (und spielt von den Buggles ›Video kills the Radio Star‹), 1983 starten die Vereinigten Staaten das Weltraum-Aufrüstungsprogramm SDI (Strategic Defense Initiative); weltweit ist die Entwicklung der Neuen Medien mit einer massiven Privatisierung der Technologie verbunden. Schon Ende der siebziger Jahre hatten sich in einem Underground der Massenkultur ironische und provokative Subkulturen formiert: Während der Punk die nur scheinbar heile Welt des Kleinbürgertums herausforderte, forderte die Disco-Kultur auf glamouröse Weise eine (homo)sexuelle Befreiung von der herrschenden Zwangsmoral; im Rap und Hip-

Hop wurde die Selbstverständlichkeit rassistischer Stereotype der Massenkultur scharf angegriffen. Selbstbewusst benutzte die Popmusik in den achtziger Jahren die Leitmotive der Hochkultur, sprach von Avantgarde und New Wave. Ende der Achtziger bekommt die Postmoderne mit Techno ihren spezifischen Musikstil, mit dem sich der Mensch als Maschine feiert, den irrationalen Rausch mit der rationalen Anpassung des Körpers an den ewigen Beat der Apparate verbindet. Für manche schien sich George Orwells negative Zukunftsvision ›1984‹ bewahrheitet zu haben, andere feierten die neue, provokative Popkultur und ihre technologische Ideologie: Nun war das Medium tatsächlich zur »Message« geworden, wie es Marshall McLuhan 1967 mit seiner berühmten Formel konstatiert hatte. Umberto Eco unterschied deshalb ›Apokalyptiker und Integrierte‹, wobei die Postmodernen in gewisser Weise beides waren: integrierte Apokalyptiker oder apokalyptische Integrierte. Mit den Yuppies, den Young Urban Professionals, betritt ein postmoderner Angestelltencharakter die Bühne des urbanen Lebens: Gegen die Kleinfamilie ebenso wie gegen die Kommunen der Hippiebewegung gewandt, hat sich das Single-Dasein als Lebensform durchgesetzt.

Ende der Hybris?
Tschernobyl 1986

Zugleich, und das ist auch ein postmodernes Phänomen, verschwanden die klaren Grenzen zwischen den bisherigen Pop-Subkulturen. Die Popkultur wurde immer vielfältiger, aber zugleich auch immer bedeutungsloser. Hatte die Massenkultur in den siebziger Jahren noch versucht, sich als anspruchsvoll gegenüber der Hochkultur zu behaupten, so propagierte der Pop nun fröhlich seine Unverbindlichkeit und Oberflächlichkeit. Eingelöst wurde damit die postmoderne Verpflichtung auf die Gegenwart, die Unmittelbarkeit des sinnlichen Erlebens. Tatsächlich erschien die Gesellschaft zum Ende der achtziger Jahre fast vollständig von einer hedonistischen Popkultur aufgesogen.

Die Neunziger ...

Die Postmoderne präsentierte sich in der Popkultur als nicht enden wollende Freizeitveranstaltung: eine Dauerparty. Den Höhepunkt fand diese Entwicklung in den Massenaufmärschen der Love Parade; Postmoderne als Selbstinszenierung einer fröhlichen Ignoranz gegenüber gesellschaftlichen Problemen – stattdessen feierte man sich selbst und die Technik, die Möglichkeiten des Samplings, die ewige dionysische Wiederholung des Beats, die längst die Grenze zur Beliebigkeit überschritten hatte. Es schien, als wäre die einzige noch mögliche postmoderne Haltung die permanente zynische Selbstüberbietung der eigenen Bedeutungslosigkeit. Das spiegelte sich allerdings auch in der Gesellschaft wider. Die medientechnologische Entwicklung der Achtziger hatte in den Neunzigern ihre ökonomischen Effekte: in der kurzen, hysterischen Euphorie der New Economy. Für ein paar Jahre schien es, als sollte sich das postmoderne Postulat von der Hyperrealität und Simulation auch wirtschaftlich behaupten können, als könnte gerade die kapitalistische Arbeitsgesellschaft der humane Einstieg in eine individuelle Selbstverwirklichungskultur sein.

Unter dem Vorzeichen von Pop und Postmoderne wurde für die Neunziger der Hedonismus verbindlich. Das Leitmotiv individualistischen Glücksstrebens folgte einer allgemeinen Ästhetisierung der Zustände: Hatte die Postmoderne der achtziger Jahre die Welt in eine riesige Oberfläche verwandelt, so bemühte sich die Postmoderne der neunziger Jahre um eine bis in den Kitsch gesteigerte Verhübschung dieser Oberfläche. Man feierte die ›Tugenden der Orientierungslosigkeit‹ (Christoph Clermont und Johannes Goebel); die Postmoderne wurde nun endgültig zur Poptheorie und Trendforschung.

> »Die postmoderne Debatte [hatte uns] ein gesundes Misstrauen gegenüber allem Festgefügten, Eindeutigen und Klaren auf den Weg gegeben. Symbole bedeuteten nichts mehr oder alles. Hammer und Sichel auf der T-Shirt-Brust waren weniger ein Bekenntnis zum Kommunismus als Beweis von Distanz und Coolness.«
>
> Christoph Clermont und Johannes Goebel, ›Die Tugend der Orientierungslosigkeit‹

Die Spannung der Achtziger zwischen *no future* (Punk) und Vergangenheitsgleichgültigkeit (Disco) hatte sich bis Ende der Neunziger gelöst: der postmoderne Hedonismus feierte sich selber und den Augenblick. Nun war in der Massenkultur das eingetreten, was bereits Ende der sechziger Jahre postuliert wurde: Es gab nichts Neues mehr, sondern nur noch die permanente Wiederholung des Alten, Bekannten. Während in den Achtzigern die Popkultur geradezu manisch Neues ausprobierte und kombinierte, waren die Neunziger in postmoderner Hinsicht das Jahrzehnt der ständigen, festgefahrenen Retrospektive. Die Kopie der Kopie hatte ihre zeitliche Dimension verloren. Am deutlichsten zeigte sich das in der Mode der neunziger Jahre: Markenfetischismus und subversive Antimode stehen nicht mehr gegeneinander, sondern fallen zusammen. Alles ist möglich, alles ist kombinierbar, solange sich in der Mode der zufriedene Konsument bestätigt fühlt.

Ein postmodern-konsumistisches »I shop, therefore I am« löst das moderne ›Cogito ergo sum‹ ab. Was einmal Subkultur und Extravaganz war, das Barocke, Prunk und Pracht, Edwardian-Style und eine militärische Mode mit förmlicher Kriegsbemalung und Armeeuniformen, kehrt nun in die Alltagsmode zurück. Während Versace mit übertriebenem Ornament, Gold und einer »obszönen Verdrehung des Luxuriösen« (Ulf Poschardt) die Laufstege betritt, etabliert sich im Zuge der so genannten Grunge-Bewegung durch die Rockgruppe Nirvana Anfang der Neunziger eine merkwürdig kombinierte Flohmarktmode, Ausdruck der Zerrissenheit eines postmodernen Narzissmus. Schließlich experimentiert die Mode mit ihrer buchstäblichen Selbstauflösung: in Rotterdam führt Martin Margiela 1997 eine Kollektion von Kleidern vor, die von Bakterien zerfressen werden.

Die Ästhetisierung, die die Postmoderne als Lebenskunst proklamiert, zeigt nicht von ungefähr Parallelen zur Dekadenz des Fin de siècle, zur Boheme oder zum Dandytum des ausgehenden

»Anstatt wie in den fünfziger Jahren gelangweilt vor sich hinzudrömmeln und sich mit der ›seriösen‹ Moderne der alten Herren à la Joyce, Kafka und Beckett zufrieden zu geben, kreiert man plötzlich einen ›Postmodernism‹, der auf alle intellektuelle Verfeinerung verzichtet und sich an knalligen ›Pop forms‹ wie dem Western, der Science-Fiction, dem Comic Strip und der Pornografie orientiert.«

Jost Hermand, ›Pop international. Eine kritische Analyse‹

19. Jahrhunderts. Solcher Ästhetizismus versucht der Krise auszuweichen, in dem der sinnliche Genuss zum höchsten Wert erklärt wird, teils, um die Ästhetisierung als Lebenskunst gegen die sinnlose Wirklichkeit zu rechtfertigen, teils, um die Ästhetisierung und ihren Kitsch mit einer subversiven Lust und Lebensfreude zu durchbrechen, die sich mit der Verschönerung der Oberfläche nicht zufrieden gibt. Das Oberflächliche wird nicht länger kritisiert, weil es das eigentliche Wesen, das ursprüngliche Leben verdeckt, sondern das Oberflächliche wird affirmiert, sogar in einer Weise des »fröhlichen Positivismus« (Michel Foucault) »überaffirmiert«, schließlich im Sinne des Kitsches übertrieben. Neu an dieser Übersteigerung des Kitsches, die Susan Sontag als Antikunst des »Camp« verteidigte, war das hedonistische Motiv: die Freude am Kitsch, die Ästhetisierung des Lebens, die permanente Partystimmung und zugleich die Verweigerung jeden politischen Interesses – die zynische Sachlichkeit, das Bekenntnis zum Narzissmus, die Sensationslust und »Erlebnisserei« (Burghart Schmidt) gleichermaßen. Dabei ging es ursprünglich bei der Reformulierung einer Ästhetik der Existenz um das politische Projekt, nach dem »Tod des Subjekts« eine neue, subversive und reflektierte Subjektivität zu begründen. Foucault sprach von der Sorge des Selbst, die eben nicht wie etwa bei Heidegger in die Sorge des Daseins zurückfällt, sondern sich zur lebendigen, lustvollen, begehrenden Körperlichkeit bekennen soll. – Aber die affirmative Kritik des Körpers wurde schließlich von einer unkritischen Affirmation des Körperkults in Fitness und Fetischismus eingeholt.

Hedonismus, Spaßgesellschaft, Freizeitgesellschaft, aber auch Wissensgesellschaft und Informationsgesellschaft – das sind die Stichworte, die das Leben in der Postmoderne bezeichnen. Die Moderne, deren zentrale Idee das selbstbewusste und freie Individuum gewesen war, hinterlässt als Erbe einen »Individualismus ohne Individuum«. Die Postmoderne verweigert dieses Erbe, um das Individuum im Sinne einer Lebenskunst völlig neu und anders zu erfinden.

Postmoderne Gesellschaft

Die Entwicklung der postmodernen Gesellschaft ist von den technologischen, ökonomischen und kulturellen Veränderungen der Moderne nicht zu trennen. Dazu gehören die großen Umbrüche des 20. Jahrhunderts, das Ende des Industriezeitalters sowie das mögliche Ende der Geschichte.

Die postindustrielle Gesellschaft

Die Soziologen David Riesman (1958) und Alain Touraine (1969) bringen den Begriff der postindustriellen Gesellschaft ins Spiel, den Daniel Bell dann zu Beginn der siebziger Jahre berühmt machen sollte: Seit 1945 zeichnet sich ein tief greifender sozialer Wandlungsprozess ab, bedingt durch »intellektuelle Technologie«. Sie löst die Maschinentechnologie, also das industrielle Paradigma ab und ebnet der mikroelektronischen Revolution den Weg, auf dem »die natürliche Ordnung durch eine technische zu ersetzen« sein wird (Bell, ›Die nachindustrielle Gesellschaft‹, Frankfurt am Main und New York 1985, S. 54).

Die nunmehr postindustrielle Gesellschaft ist durch den Komplex von Wissen, Wissenschaft und Technologie gekennzeichnet, der Planbarkeit und Steuerungsfähigkeit der sozialen Entwicklungen ermöglicht. Damit verschieben sich nach Ansicht Bells allerdings auch die Parameter der ökonomischen Prozesse: Nicht mehr der Gegensatz der Klassen ist ausschlaggebend für die soziale Ordnung und ihre Konflikte, sondern eine technologische Massengesellschaft, in der die Fabrikarbeit langfristig durch administrative Arbeit abgelöst sein wird.

Schon 1968 spricht in ähnlicher Absicht, aber die Entscheidungsmöglichkeiten einer technosozialen Vision hervorhebend, der Soziologe Amitai Etzioni von der postmodernen als einer

> »Nach dem Zweiten Weltkrieg endete die moderne Zeit mit der radikalen Transformation der Kommunikations-, Wissens- und Energietechnologien ... Die aktive Gesellschaft, die Herr ihrer selbst ist, ist eine Option, die sich mit der postmodernen Zeit eröffnet.«
>
> Amitai Etzioni, ›Die aktive Gesellschaft. Eine Theorie gesellschaftlicher und politischer Prozesse‹

aktiven Gesellschaft. Diese Gesellschaft sei in »einer intensiven und ständigen Selbsttransformation begriffen« (›Die aktive Gesellschaft‹, Opladen 1975, S. 8).

Die postmoderne Gesellschaft ist eine dynamisierte moderne Gesellschaft, die von einer ökonomischen Krise oder zumindest von einem Strukturwandel gekennzeichnet ist. Das Ende des Kapitalismus, das Ende der Arbeitsgesellschaft und das Ende der Klassengesellschaft sind die beliebtesten Parolen, die mit der Diagnose einer postmodernen Gesellschaft einhergehen.

Andere Bezeichnungen für die postmoderne Gesellschaft sind Konsumgesellschaft, Medien- oder Informationszeitalter, Computerzeitalter, Freizeitgesellschaft und dergleichen. Schon die Vorstellung, dass die Gesellschaft einer epochalen, einschneidenden und paradigmatischen Leitfigur zugeordnet werden kann, entspricht gewissermaßen dem postmodernen Bedürfnis, ein ins Wanken geratenes Weltbild mit plausiblen Leitorientierungen wieder zu stabilisieren.

Verbunden mit dem Befund einer postmodernen Gesellschaft ist die Vorstellung, dass die gegenwärtigen sozialen Wandlungsprozesse immens beschleunigt sind und das Gleichgewicht der Weltgesellschaft durch die Geschwindigkeit der Veränderungen empfindlich gestört sei. Eine populärwissenschaftliche Spielart dieser Annahme hatte der Futurologe Alvin Toffler 1970 mit dem Begriff »Zukunftsschock« in die Diskussion gebracht.

Toffler skizziert das Idealbild einer postmodernen Gesellschaft, die alle traditionellen Bindungen verloren hat und überwältigt zu sein scheint von den neuen Möglichkeiten: Unterirdische Städte, Hochzeitskleider aus Papier, Bob Dylan, Flamenco in Schweden, das Ende der Geografie, Twiggy und der halbgebildete Shakespeare, Atlantis, die biologische Fabrik und der vorgeplante Körper, geistige Gesundheit, »Adhocratie« und Computer im Schulunterricht sind nur einige Stichpunkte dieser Melange aus Esoterik, New Age und postmoderner Zivilisationskritik, die aber immerhin

Unter »Zukunftsschock« »verstehe ich die erdrückende Belastung und vollkommene Desorientierung von Menschen, die in zu kurzer Zeit zu viele Veränderungen durchmachen müssen.«
Alvin Toffler, ›Der Zukunftsschock‹

schon Ende der sechziger Jahre Themen aufgreift, die für die Postmoderne-Diskussion bestimmend geblieben sind (zum Beispiel schreibt Toffler auch über Cyborgs, Nomaden oder die Vielfalt der Lebensstile).

Die spektakulären Theorien kultureller Beschleunigung sind auch in der Postmoderne beliebt, so etwa in Paul Virilios »Dromologie«: Mit der Entwicklung der elektronischen Datenübertragung habe sich die gegenwärtige Zeitorganisation derart beschleunigt, dass etwa von einer ›Ästhetik des Verschwindens‹ gesprochen werden kann. Durch die Beschleunigung, die sich zunächst in Kunst, Ästhetik und Kultur bemerkbar macht, wird auch eine Neubegründung von Politik, Geschichte und Gesellschaft erforderlich.

Die Futurologie

Spätestens mit den Atombomben-Abwurf auf Hiroshima (6. August 1945) zeigt sich das Janusgesicht der Technologieentwicklung: Die modernen Erfindungen bedeuten nicht nur wachsenden Wohlstand, Fortschritt und eine bequemes Leben, sondern entfalteten ein kaum kontrollierbares Zerstörungspotenzial. Unter Gesichtspunkten wachsender gesellschaftlicher Planungsanforderungen bedarf es wissenschaftlich präziser Prognosen über die Zukunft. Das machte sich in den fünfziger Jahren die Futurologie (der Begriff geht auf Ossip K. Flechtheim zurück) oder Zukunftsforschung zur Aufgabe, die nicht wie die Geschichtswissenschaft nach der Vergangenheit fragt, sondern die erst noch kommende Geschichte entwirft. In gewisser Weise ist die Zukunftsforschung eine Vorläuferin des Postmodernismus, weil auch sie über die Moderne hinausweist und dabei deren Grundlagen in Frage stellt.

»Somit hat es eine Geschichte gegeben, aber es gibt keine mehr.«
Karl Marx, ›Das Kapital‹

Vor dem Hintergrund erster Computertechnik, der Entwicklung des Massentransportes, der Medizin etc. multiplizierte man gewissermaßen den damaligen Stand der Erfindungen und skizzierte eine Zukunft, in der künstliche Intelligenz, fühlende Roboter, Cyborgs, Marskolonien, aber auch dritte, vierte und fünfte Weltkriege einschließlich der Verseuchung ganzer Kontinente »normal« sein würden. Autoren wie Ossip K. Flechtheim, Alvin Toffler oder Herman Kahn haben schließlich mit ihren spektakulären Thesen den Nährboden für postmoderne Theorien abgegeben, nicht zuletzt auch, weil sie das Bild einer Geschichtswissenschaft, die sich ausschließlich auf die Vergangenheit konzentriert, korrigierten und damit die herrschende Geschichtsauffassung hinterfragten, was postmoderne Theoretiker wiederum zur These einer nachgeschichtlichen oder stillgestellten, nichtlinearen Zeit führte.

Über die Futurologie erhielt auch die Science-Fiction Einfluss auf postmoderne Gesellschaftsentwürfe. Zum Beispiel versuchte sich der Schriftsteller Arthur C. Clarke an wissenschaftlichen Visionen einer postmodernen Zukunft. – Für Stanley Kubricks Pop-Science-Fiction-Epos ›2001: A Space Odyssey‹ schrieb er den Roman zum Drehbuch; der in dem Film entfaltete Entwurf der Menschheitsgeschichte zeigt in seinem ironischen und populären Umgang mit Zivilisationskritik viele Gemeinsamkeiten mit den postmodernen oder futurologischen Diagnosen der Gegenwart.

> »Von jetzt an gibt es keine kunstimmanente Entwicklung mehr! Mit einer irgendwie sinnlogischen Kunstgeschichte ist es vorbei, selbst mit der Konsequenz der Absurditäten vorbei, die Entwicklung ist abgewickelt, und was nun kommt, ist bereits vorhanden: Der Synkretismus des Durcheinanders aller Stile und Möglichkeiten, das Post-Histoire.«
> Arnold Gehlen, ›Zeitbilder‹

Nachgeschichte

Man könnte in Anlehnung an Robert Musils Roman ›Der Mann ohne Eigenschaften‹ die Postmoderne als »Zeit ohne Eigenschaften« verstehen: Historismus, ständige Neuaufgüsse vergangener

---

»Cournot, 1877 gestorben, hatte, soweit ich weiß, als Erster eine Epoche des *Posthistoire* vorhergesehen: eine durchrationalisierte Erde der Bürokratie, des Nivellements, der Homogenität, ein *Ende der Geschichte*. Was bedeutet ›Nivellement‹? Einen Ausgleich der Unterschiede; erwartet wird wachsende Uniformität. In der Folge aller egalisierenden Elemente des Industriemilieus entsteht so der Schatten des ›Posthistoire‹, eine Menschheit, die sich in ihren ›Ansichten und Verhaltensweisen‹, in ›Interessen und Werturteilen‹ einander angleicht.«

Peter Brückner, ›Geschichte und Posthistoire‹, in: ders., ›Psychologie und Geschichte‹, Berlin 1982, S. 264

Moden, Zitate, Wiederholungen und Retrospektiven nichts sagender Ornamentik vergangener Zeiten nährten den Verdacht, dass von der Gegenwart nichts Neues mehr zu erwarten sei. Für eine Moderne, die ja auch durch ihre ständige Selbsterneuerung (Modernisierung) definiert ist, hätte das Konsequenzen, insbesondere hinsichtlich ihres historischen Gefüges: Arnold Gehlen spricht von einer »Nachgeschichte«. Er hatte sich mit dem Terminus zunächst auf die Kunst und Kultur der Nachkriegszeit bezogen, nicht so sehr auf gesamtgesellschaftliche Verhältnisse. Für ihn war keine weitere Entwicklung der Kunst mehr zu erwarten, außer ihrer absurden Verzerrung im Stillstand.

Die These einer Nachgeschichte oder Posthistoire (Alexandre Kojève) fand zunächst bei Konservativen Anklang und verband sich rasch mit einem reaktionären Kulturpessimismus, in dessen Schatten die Vorstellung vom Untergang der abendländischen Zivilisation durch Überfremdung und Massenkultur erneut aufblühten. Später wurde die These allerdings auch von radikalen Linken kritisch reflektiert, mit deutlichen Parallelen zur Postmoderne-Debatte, etwa bei Peter Brückner oder Vilém Flusser, der im Sinne der Nachgeschichte die Postmoderne als eine Art »korrigierte Geschichtsschreibung« verstand. Nachgeschichte zielt dabei auf eine Revision der Möglichkeit des *Erzählens* von Geschichte, nicht

»Denn die eine einzige, riesige, erzählte Geschichte, von der die kurze Geschichte erzählt, enthält ja alle schon erzählten, im Erzählen begriffenen und noch zu erzählenden Geschichten. Und wenn diese eine, kurze Geschichte von der einen, riesigen nicht mehr erzählen kann, dann kann man überhaupt keine Geschichte mehr erzählen. Das also meint Nachgeschichte.«
Vilém Flusser, ›Nachgeschichte‹

Vilém Flusser (1920–1991)
Postmodern ist Flusser insofern, als dass er die Moderne in ihren Grundannahmen und Postulaten in Frage stellt; dabei konzentriert sich Flusser auf die Veränderungen der Medien im Zusammenhang mit den technischen Revolutionen, mit der Geschichte der Schrift und ihrem möglichen Ende, schließlich mit der Entwicklung von Fotografie, Film und Fernsehen – Flusser spricht diesbezüglich von der Gesellschaft als »telematischer Kultur«. In deutscher Sprache liegen u. a. vor: ›Für eine Philosophie der Fotografie‹ (1983), ›Nachgeschichte‹ (1990), ›Lob der Oberflächlichkeit‹ (1995), ›Telematische Kultur‹ (1997). Vilém Flusser starb Ende 1991 bei einem Autounfall.

auf die Tatsache, dass es noch Ereignisse gibt. Das Ereignis, das »Geschieht es?« kritisch gegen die Geschichtserzählung zu retten, diskutierte Lyotard unter postmodernem Vorzeichen als These vom »Ende der Großen Erzählung« in seinem Hauptwerk ›Der Widerstreit‹. Auch der Medientheoretiker Vilém Flusser spricht von der Nachgeschichte – er beschreibt damit eine Gesellschaft, in der sich die Geschichte nunmehr in den Medien aufgehoben hat.

In der postmodernen Theorie wird die These vom Ende der Geschichte im Hinblick auf das Emanzipations- oder Glücksversprechen der Moderne problematisiert. Nachdem das Projekt der Moderne in Krieg und Massenvernichtung scheiterte und dennoch die moderne Gesellschaft nonchalant zur Tagesordnung überging, haben die bürgerlichen Ideale von Freiheit und Gleichheit ihre Glaubwürdigkeit verloren. Auch kann sich die Moderne nicht mehr auf ein Subjekt beziehen, das berufen wäre, die historischen Versprechen der Moderne einzulösen. Nicht nur hat sich die Postmoderne deshalb vom bürgerlichen Subjekt verabschiedet, sondern ebenso von der Vorstellung eines revolutionären Subjekts inklusive geschichtlichem Befreiungsauftrag, so wie es der Marxismus im Proletariat verkörpert sah.

> »Die große Erzählung hat ihre Glaubwürdigkeit verloren ...«
> Jean-François Lyotard, ›Das postmoderne Wissen‹

Ein Ende der Geschichte war also gleichbedeutend mit dem Ende der Ideale der Moderne, einem Bruch mit dem Projekt der Moderne. Der Kalte Krieg bestimmte das weltpolitische Klima nach 1945 maßgeblich. Die Experimente einer »sozialistischen Weltrepublik«, die mit der Oktoberrevolution 1917 und der aus ihr entstandenen Sowjetunion erstmals greifbare Formen eines realen Humanismus angenommen hatten, schienen spätestens seit dem Terror Stalins gescheitert zu sein, gleichwohl nach dem Zweiten Weltkrieg zahlreiche Nationen sich im Namen des Sozialismus vom Kolonialismus und Imperialismus zu befreien versuchten. Koreakrieg, Kuba-Krise, Vietnamkrieg sind hier ebenso Stichworte wie schließlich der Beginn des atomaren Wettrüstens und der so genannte »Sputnik-Schock« 1957. Auf der anderen Seite stand der

»westlich« orientierte Teil der Welt keineswegs nur unter dem Vorzeichen der Demokratisierung, sondern setzte seine Variante eines modernen Kapitalismus nicht selten mit Militärregierungen, Folter und Diktaturen durch (Südamerika, Griechenland, Türkei).

Gute Zeiten, schlechte Zeiten – politische Verhältnisse in der Postmoderne

Die weltweite außerparlamentarische Protestbewegung, die Popkultur und die globale ökonomische wie ökologische Krise, die Ost und West gleichermaßen betraf, irritierten ab den sechziger Jahren des 20. Jahrhunderts die ambivalenten Entwicklungen der Moderne mit nachhaltiger Wirkung. Mit dem Niedergang der Sowjetunion und des so genannten Realsozialismus Ende der achtziger Jahre hatte sich schließlich das globale Kräfteverhältnis grundlegend verschoben. Nicht nur mussten die scheinbar pervertierten Utopien einer befreiten Gesellschaft überdacht werden, sondern ebenso die Konzepte von Befreiung, Freiheit, Revolution, Widerstand, Subversion. In einem Zustand, der – zumal auf Seiten der politischen Linken – eine wachsende Verunsicherung bedeutete, boten die postmodernen Theorien scheinbar grundsätzlich neue Orientierungen, ohne in die Sackgasse des modernen Versprechens auf Emanzipation zu geraten.

So verwundert es nicht, dass sowohl in den Vereinigten Staaten als auch in Frankreich die Postmoderne-Debatte ihren Ursprung in der Linken hat. Fast alle Philosophen und Theoretiker, die in irgendeiner Weise an der Postmoderne-Debatte beteiligt waren und sind, haben aktiv an den verschiedenen Protestbewegungen der Sechziger teilgenommen. Die Postmoderne markiert hier eine kritische Auseinandersetzung mit den traditionellen Auffassungen vom Sozialismus, insbesondere mit den kommunistischen Parteien und einem orthodoxen Marxismus-Leninismus. Anknüpfungspunkte waren dafür vor allem

> »Verweigere den alten Kategorien des Negativen (Gesetz, Grenze, Kastration, Mangel, Lücke), die das westliche Denken so lange als eine Form der Macht und einen Zugang zur Realität geheiligt hat, jede Gefolgschaft! Gib dem den Vorzug, was positiv ist und multipel, der Differenz vor der Uniformität, den Strömen vor den Einheiten, den mobilen Anordnungen vor den Systemen! Glaube daran, dass das Produktive nicht sesshaft ist, sondern nomadisch!«
>
> Michel Foucault, ›Der »Anti-Ödipus« – eine Einführung in eine neue Lebenskunst‹

politisch-philosophische Diskussionen über das Verhältnis von Individuum, Gesellschaft und aktueller, populärer Massenkultur. (Auch hier überschneidet sich die Postmoderne mit anderen Theorieentwicklungen, etwa den britischen Cultural Studies, die in ähnlicher Weise die hegemonialen Ansprüche der modernen, kapitalistischen Gesellschaft in Frage stellten).

Mit dem Begriff des Postkommunismus wird sowohl die politische Situation nach dem Scheitern des Realsozialismus bezeichnet wie auch der produktive Versuch, im Zeichen des postmodernen Wandels eine kommunistische Politik nach dem Kommunismus neu zu begründen. Ebenso wie ein Ende der Geschichte wird auch ein Ende der Politik in Betracht gezogen. Für viele postmoderne Theoretiker, die zum Teil einmal mit sozialistischen Gruppierungen sympathisierten, bedeutet das die bewusste Ablehnung des Links-Rechts-Schemas im Sinne einer Antipolitik. Die Gefahr einer Entpolitisierung beziehungsweise ›Kulturalisierung‹ der politischen Kritik liegt dabei auf der Hand. Gleichwohl versuchten postmoderne und poststrukturalistische Theoretiker so einen neuen Antifaschismus (Lyotard) oder Antirassismus (Derrida) zu begründen, um eine emanzipatorische Fluchtbahn offen zu halten; allerdings kommen die Entwürfe oft über Forderungen nach einer radikalen Demokratie nicht hinaus. Gemeinsam ist den Ansätzen ihre Skepsis gegenüber Parteien, Organisationen, Institutionen und dem Staat.

Die Überwindung des Links-Rechts-Schemas war jedoch auch das Einfallstor für zynische, konservative und reaktionäre Varianten der Postmoderne. Hier finden antimoderne, prämoderne und kulturpessimistische Ressentiments ihren Ausdruck, wenn etwa behauptet wird, dass man heute zwischen Kapitalismus und Kommunismus gar nicht mehr unterscheiden könne. Andererseits haben postmoderne und poststrukturalistische Theorieansätze

---

»Abschließend könnte man sagen, dass das politische, ethische, soziale und philosophische Problem, das sich uns heute stellt, nicht darin liegt, das Individuum vom Staat und dessen Institutionen zu befreien, sondern uns sowohl vom Staat als auch vom Typ der Individualisierung, der mit ihm verbunden ist, zu befreien. Wir müssen neue Formen der Subjektivität zustande bringen, indem wir die Art von Individualität, die man uns jahrhundertelang auferlegt hat, zurückweisen.«

Michel Foucault, in: Hubert L. Dreyfus u. Paul Rabinow, ›Jenseits von Strukturalismus und Hermeneutik‹

einen nachhaltigen Einfluss auf eine so genannte postmarxistische Linke, die versucht, in der Perspektive einer radikalen Kritik der Grundlagen der Moderne die Möglichkeiten emanzipatorischer Politik neu auszuloten, die auch jene Minoritäten einbezieht, die bisher ausgeschlossen blieben. Lyotard hat schon in den Siebzigern vom ›Patchwork der Minderheiten‹ gesprochen; Toni Negri forderte zu Beginn der Achtziger eine Politik der Menge, der Multitude.

Aufsehen erregte innerhalb der Postmoderne-Debatte das Buch ›Empire. Die neue Weltordnung‹ (dt. Frankfurt am Main 2002), das sogar als postmodern aktualisiertes ›Kommunistisches Manifest‹ gehandelt wurde. In der Tat versuchen Michael Hardt und Antonio Negri mit dem Buch einen aktuellen, wenngleich kontroversen Krisenbefund zu liefern. Ausgehend von poststrukturalistischen Theorien (Foucault, Deleuze) beschreiben sie die Phänomene »immaterielle Arbeit«, »biopolitische Produktion« und »Postmodernisierung« eines globalen Kapitalismus, der zum Empire geworden ist.

»Das ›Selbst‹ hat eine Geschichte, die im Prozess des Werdens ›produziert‹ wird. Das ›Subjekt‹ wird durch verschiedene Diskurse und Praktiken verschieden *positioniert*.«
Stuart Hall

Postmoderne International
Zur Kritik der modernen Politik beziehungsweise Antipolitik der Postmoderne gehört auch die radikale Kritik der Herrschaftsansprüche eines weißen, männlichen, europäischen Denkens (das heißt die Kritik des Eurozentrismus, Logozentrismus und Phallogozentrismus). Etabliert wurden nicht nur feministische Positionen (Stichwort: Postfeminismus), sondern ebenso »nichtwestliche« Theorieansätze. Diese können als postmodern gelten, weil sie zum Beispiel nicht auf der im Westen verbindlichen schriftlichen Überlieferung basieren, sondern auf mündlichen oder bildlichen Erzählungen, oder weil sie nicht dem modernen Konsensprinzip verpflichtet sind, sondern anderen, von der Moderne als ›irrational‹ abgelehnten Formen der Kommunikation (vgl. Beiträge zur »Interkulturellen Philosophie« von Ram Adhar Mall u. a. oder die Diskussionen zur afrikanischen Philosophie,

zum Beispiel die Schriften von Paulin J. Hountondji, Olusegun Oladipo oder Kwasi Wiredu). In der postmodernen Perspektive sind in diesem Zusammenhang auch noch die so genannten Postcolonial Studies zu erwähnen: Postmoderne verweist hierbei auf die Globalisierungsprozesse, indem sie zum Sprachrohr für jene wird, deren Stimme bisher unterdrückt wurde; die indische Philosophin Gayatri Chakravorty Spivak diskutiert dies mit ihrer berühmt gewordenen Frage: »Can the subaltern speak?« Also: Können die »Untergeordneten« sich überhaupt in der Welt artikulieren, die auch von der Sprache der Herrschenden bestimmt ist? In ähnlicher Weise haben sich postmoderne Strategien der ›Queer Politics‹ entwickelt, die nicht einfach nur gegen- oder subkulturelle Politik meinen, sondern sich den bestehenden Definitionen von Widerstand, Befreiung, Subjekt, politischen Themen und Zielen widersetzen, indem sie zu allen Formen bisheriger moderner Politik »quer stehen«.

Der postmoderne Mensch
Schließlich mündet die postmoderne Kritik der Moderne in die Diagnose vom Tod des Subjekts. Humanismus und Aufklärung bestimmen das Menschenbild der Moderne: Der Mensch ist frei, gleich, selbstbewusst und verfügt über Vernunft und Verstand, um sich selbst zu bestimmen. Allerdings blieb diese Idee vom Menschen als autonomes Subjekt ein uneingelöstes Versprechen. Die Postmoderne stellt deshalb nicht nur Humanismus und Aufklärung in Frage, sondern zieht in Betracht, dass der Mensch selbst nur eine Erfindung der Moderne ist. Jedenfalls kann angesichts der postmodernen Auflösung aller modernen Verbindlichkeiten und Sicherheiten der Mensch nicht länger als konsistentes und einheitliches Individuum verstanden werden. Vielmehr erscheint er flexibilisiert, schizophren, normiert, diszipliniert, dezentriert, den Zufälligkeiten ebenso ausgeliefert wie dem Begehren und Wünschen. So verschwindet der ›Mensch‹ in der Postmoderne; die postmoderne Theorie postulierte deshalb den »Tod des Subjekts«.

Tatsächlich hat sich die Moderne des 20. Jahrhunderts nicht als Einlösung des humanistischen Ideals erwiesen, sondern als Bedrohung der Menschheit. Bereits 1956 spricht Günther Anders angesichts der atomaren Bedrohung durch Nuklearwaffen von der ›Antiquiertheit des Menschen‹. In den Vernichtungslagern wurde das Individuum annulliert, der Mensch zum bloßem Exemplar. Die ökonomischen Verhältnisse von Industrie und Dienstleistungen verdinglichen den Menschen und reduzieren seine Fähigkeiten auf instrumentelle Verfahren und technische Abläufe.

So erscheint im Zeichen der Postmoderne das menschliche Leben von Kontingenz bestimmt, wie es der amerikanische Philosoph Richard Rorty formuliert. Die alltäglichen Lebensbedingungen sind zunehmend »metastabil«, in der Sicht der postmodernen Theorie scheint es, als sei der Mensch gezwungen, sich ständig neu zu erfinden. Bestand der Entwurf des modernen Menschen in der Einheit des Lebens, gerichtet auf die Entfaltung von Selbstbewusstsein und Persönlichkeit, so ist die Biografie des postmodernen Menschen bewusst von Brüchen gekennzeichnet, von Neuanfängen und Flexibilitäten; es ist ein unsicheres Leben, in dem sich das Individuum nicht mehr auf die vertrauten Koordinaten der Moderne verlassen kann: Es gibt kein zentrales Subjekt, keinen Mittelpunkt des Lebens, kein vorgeschriebenes Ziel, keinen festen Ausgangspunkt. So steht der Mensch selbst auch nicht mehr im Zentrum seiner Handlungen. Stattdessen sprechen die postmodernen Theoretiker von einem »dezentrierten Subjekt«.

> »Mit der postmodernen Totalität kapitalistischer Produktion weitet sich auch die Krise aus; sie ist sozusagen der imperialen Kontrolle inhärent. In dieser Hinsicht erscheinen Verfall und Untergang des Empire nicht als diachronische Bewegung, sondern als synchrone Wirklichkeit. Die Krise durchzieht jedes Moment der Entwicklung und Neuzusammensetzung von Totalität.«
> Hardt und Negri, ›Empire‹

Die Postmoderne löst die Moderne nicht einfach ab, sondern diagnostiziert das mögliche Ende der Geschichte, die von der Moderne »erfunden« wurde. Ebenso postuliert sie den »Tod des Subjekts«. Die Postmoderne stellt sämtliche Grundannahmen der Moderne in Frage, indem sie versucht, Politik, Gesellschaft, Alltag, mit einem Wort: den Menschen vollständig neu zu bestimmen.

Strategien der Postmoderne

Im Sinne einer postmodernen Haltung sind verschiedene Strategien entwickelt und vorgeschlagen worden, mit denen sich der Mensch durch die postmoderne Gesellschaft bewegen kann. Die Postmoderne stellt die *Frage von Macht und Herrschaft* neu – sie betont die Unterschiede statt der Gegensätze. Mit anderen Worten: Eine postmoderne Strategie hebt die *Differenzen* hervor, nicht die Oppositionen. So plädiert die Postmoderne für *Toleranz* und *radikale Pluralität*. Im Sinne einer postmodernen Ästhetik kann dieses als *Strategie der Intensivierung* bezeichnet werden: eine Ästhetik *des Erhabenen*, die so versucht, eine Praxis auf der *Oberfläche* zu etablieren, eine rhizomatische Praxis der *Kraftlinien*, des *Begehrens*. Die Oberfläche erscheint als *Labyrinth*; um sich im Labyrinth bewegen zu können, vertraut die Postmoderne weniger auf Logik und Kontinuität, sondern setzt auf die *Diskontinuität*, die *Kontingenz*, den Zufall. Die Verunsicherungen des postmodernen Menschen spiegelt dieser zurück, verwandelt in eine Strategie der *Irritation*. Für eine *postmoderne Ethik* bedeutet das keinen kategorischen Imperativ, sondern einen *hypothetischen Iterativ*: Es gibt *keine universelle Regel*, es kann nur der *Widerstreit* bezeugt werden. Diese Form der postmodernen Provokation beinhaltet die politische Strategie, auch die *Provokateure zu provozieren*. Diese provokative Irritation bedeutet etwa eine Übertreibung der bestehenden Situation, eine Überaffirmation der Krise, die *Strategie des Camp*. Deshalb versteht sich die Postmoderne als eine *Antipolitik der Lebenskunst*, die die modernen Verfahren von *Collage* und *Montage* zu *Strategien der subversiven Alltagspraxis* verwandelt: Die postmoderne Kultur ist *Recycling*. Postmoderne betont die Leichtigkeit der *Mode*, die *Trivialität der Popkultur*, die *Wiederholung*, den *Pastiche*, die *Parodie* und das *Plagiat*. Insgesamt können diese Strategien als *permanentes Ironisieren*, auch als übertriebene, bis in den Zynismus gesteigerte *Selbstironie* bezeichnet werden: Der Bedeutungslosigkeit der postmodernen Situation wird mit einer *Überhöhung des Sinnlosen* geantwortet. Es gibt kein Original mehr, nur noch Zitat; die Postmoderne zitiert sich selbst. Das postmoderne Material ist – auch im übertragenen Sinne – der *Kunststoff*: Die Postmoderne bekennt sich zum *Plastik*, zum *Künstlichen*, zur *Maschine* und zum *Cyborg*; aber ebenso verteidigt sie das *Begehren* und die *Perversion*, die *Schizophrenie*. Auf die Verunsicherungen reagiert sie mit dem *Nomadischen*, mit dem die Flucht ins Sesshafte, ins Statische abgelehnt wird: Die Postmoderne verteidigt die *Flexibilität des Individuums*. Dies ist ein Bekenntnis zum kulturellen *Manierismus* und *Tribalismus*, der eine *Dekontextualisierung* bestehender Zeichenordnung und Eindeutigkeiten bedeutet: Muster werden wie die so genannten Tribals als Tätowierungen in die *Haut* (also in die Oberfläche) eingeschrieben – das von der Moderne als Verbrechen abgelehnte *Ornament* wird verteidigt. So wird die postmoderne *Welt als Text* neu geschrieben im Sinne der *Dekonstruktion*.

Kritik

Was leisten postmoderne Theorien für eine kritische Auseinandersetzung mit den Problemen der globalen Gesellschaft? Was leisten sie vor allem gegenüber den bisherigen kritischen Theorien der Moderne? Es scheint, dass die Postmoderne mehr verspricht, als sie zu halten vermag.

Banalitäten, beliebig

So kontrovers und weiträumig die Postmoderne-Diskussion bisher verlaufen ist, so vielfältig und mehrschichtig fällt auch die Kritik an ihr aus. Grundsätzliche Bedenken galten dabei immer dem Konzept ebenso wie dem Diskurs der Postmoderne selbst: Postmoderne Theorie verfüge nicht über Begriffe, sondern bleibe im Assoziativen gefangen; wissenschaftlich – insbesondere in ihrer naiven Begeisterung für neuere Mathematik, Chaostheorie und Fraktale Geometrie – haben sich Postmoderne nicht selten durch blanken Unsinn blamiert. Das hervorstechende Merkmal postmoderner Texte sei »ein gesteigertes Bedürfnis nach Abweichung von den Diskursen der Alltagssprache und der Wissenschaftssprache«, bemerkte Klaus Laermann 1986 in seiner amüsanten Kritik ›Lacancan und Derridada‹. Viele Vokabeln postmodernen Denkens bleiben Buchstabengeklapper, »Buzzwords«, wie der Kritiker Ben Watson bemerkt: Postmoderne Schlagworte wie »Differenz«, »Ermächtigung«, »Pluralität« und »Andersheit« haben mithin eine politische Reichweite, die an der sozialen Realität des globalen Kapitalismus vollständig vorbeigeht. Die Differenzen handeln nicht von den sozialen Widersprüchen, die Ermächtigung nicht von der Ohnmacht des Elends, die Pluralität nicht von der Diskriminierung und die Andersheit nicht davon, dass das Problem des Unrechts eben nicht

> »Dieser artistische Minimal-Derridadaismus [postmoderner Theorie] schafft spielerisch den Übergang von Brillanz zu Brillantine. Wortstrotzend gefällt er sich in dunklen Anmutungen. Seine reine Oberfläche strahlt als Tiefe. Sein Rätsel ist, dass er keins hat, wohl aber gern eins aufgeben möchte. Denn er verschwimmt in Begriffsschlieren, die nichts mehr bedeuten.«
>
> Klaus Laermann, ›Lacancan und Derridada‹, in: Kursbuch 84

dadurch gelöst wird, dass man es im Sinne einer postmodernen Toleranz des Anderen anerkennt.

Genauer betrachtet erscheint also gerade die behauptete Radikalität der Postmoderne als Selbstüberschätzung ihrer kritischen Kraft: Zwar proklamiert die Postmoderne, die Moderne zu redigieren, zu rekonstruieren oder zu revidieren – doch sie schreibt, indem sie sich affirmativ zur Oberflächlichkeit bekennt, letztlich die Moderne und ihre Probleme nur fort, mündet im »Obskurantismus« (Thomas Wimmer), indem sie unablässig theoretische Banalitäten als Pluralismus, Denken des Widerstreits oder als Dekonstruktion verteidigt.

Deshalb richtet sich die Kritik an postmodernen Theorien hauptsächlich gegen Beliebigkeit und philosophischen Eklektizismus, Theorien, Kunst, Bedeutungen etc. wahllos zusammenzuwürfeln. Die Postmoderne wird selbst zum Sprachspiel, ohne Bezug zur Realität – deren Relevanz sie im Sinne der medialen Simulation oder virtuellen Hyperrealität sowieso bestreitet. Die postmoderne These vom Ende der Politik hat so nicht selten dem Neokonservatismus und Kulturpessimismus das Wort geredet. Gerade auch dort, wo Postmoderne vorgibt, alle Fundamente des Gewohnten in Frage zu stellen, fällt sie auf einen – reaktionären und nicht un-

---

»Wenn die Bombe schon explodiert ist, kann sie ewig weiter explodieren? Man kann nicht ein weiteres Jahrhundert beständig mit dem Ende der Welt konfrontiert sein. Man kann das als Metapher lesen und der Meinung sein, dass bestimmte zeitgenössische Positionen und Ideen heute nachhaltig unterminiert sind und zunehmend zerbrechlicher werden, weil die Tatsache des Endes der Welt als eine unmittelbar bevorstehende Möglichkeit auftritt. Das ist ein radikal neues historisches Faktum, und ich glaube, das hat uns alle dezentriert. Insoweit empfinden wir Liebe und menschliche Beziehungen in der postmodernen Periode anders – zeitgebundener, provisorischer, kontingenter. Was wir jedoch dabei im Auge haben, ist das Andauern und die Fortsetzung genau jener tief greifenden kulturellen und historischen Tendenzen, die den Bruch mit der ›Moderne‹ markieren und die wir ›Modernismus‹ nennen. Und ich möchte den Begriff ›Moderne‹ beibehalten, um mich auf die Langfristigkeit der Geschichte – die longue durée – dieser Tendenzen beziehen zu können.«

Stuart Hall, ›Postmoderne und Artikulation‹, in: ›Ausgewählte Schriften Bd. 3‹, Hamburg 2000, S. 56

gefährlichen – Zynismus zurück: Sie feiert die Katastrophe, die sie zugleich heraufbeschwört. Die Probleme der Postmoderne sind häufig »hausgemacht«, ihre eigenen: Der Tod des Subjekts oder das Ende der Geschichte sind Thesen, die wenig Überzeugungskraft für eine Periode haben, in der die Subjekte gefordert sind, ihre Geschichte selbst in die Hand zu nehmen.

Gleichwohl ist aber die Banalität des Postmodernismus als Scheidelinie verstanden worden: Während die einen die Kritik des Banalen als kritische Theorie der Postmoderne fortsetzen wollen, verteidigen andere die Banalisierung selbst als das bewusst ironische Rezept der Postmoderne, mit dem der falsche Ernst der Moderne kritisiert werden soll. Auch hier kommt allerdings die Postmoderne über die Paradoxie ihres Namens nicht hinaus: Die banal und beliebig gewordene Moderne, die die Postmoderne hinterfragt, ist nunmehr zu der beliebigen Banalität geworden, die als Postmoderne bezeichnet wird. Postmoderne haben jedoch insistiert, dass die Beliebigkeiten ebenso wie die Banalitäten in Kauf genommen werden müssen, um nicht den Totalisierungen der Moderne anheim zu fallen; nur so sei der spielerische Umgang mit der Moderne als kritisches Verfahren durchzusetzen. Im Gegenzug weisen Kritiker darauf hin, dass die postmoderne Theorie sich unreflektiert und ohne Distanz mit dem Spielerischen zu identifizieren beginnt; die Postmoderne vermengt die Analyse der Moderne mit dem Rezept für die Lösung der Probleme. Damit klingt die postmoderne Beschreibung der gegenwärtigen Verhältnisse bereits wie deren schon vollzogene Veränderung, Postmoderne wird zum Lifestyle.

»Das ›Ende der Moderne‹ ist in jedem Fall ein Beschwörungsakt, der sich als Tatsachenbehauptung maskiert: Wer genau will die Moderne abblasen, wer hat das Recht dazu, wer pfeift sie zu welchem Zweck ab? Ist das ›Ende der Moderne‹ bloß ein geheimer Weg zu verkünden, dass ihre Widersprüche sich als unlösbar erwiesen haben und dass wir deshalb zu etwas anderem übergehen sollten? Wer genau hat das Privileg, einen solchen Schritt zu tun, und wer nicht?«

Terry Eagleton, ›Marxismus und Kultur‹, in: Sozialistische Hefte Nr. 2/2002, S. 12

Reichweite

Eine Annäherung an die Postmoderne heißt, die vielschichtigen und sich immer wieder verändernden, manchmal widersprechenden, manchmal verflüchtigenden Positionen anschaulich zu machen und kritisch zu reflektieren. Dies ist notwendig, weil sich im Zuge der Debatten gezeigt hat, dass das Schlagwort »Postmoderne« weder ein exakt bestimmter noch ein bestimmbarer Epochenbegriff ist, sondern mehr ein Sammelbegriff für sehr verschiedene neuere Entwicklungen der Gesellschaft, der Kultur und der Künste. Als gemeinsamer und allgemeiner Nenner aller denkbaren Begriffe der Postmoderne bleibt die Auseinandersetzung mit der Moderne, und zwar insbesondere mit ihrer Kultur: Die Postmoderne kann als Ausdruck und Programm dafür gelten, dass in der zweiten Hälfte des 20. Jahrhunderts die modernistische Kluft zwischen einer elitären Hochkultur und einer trivialen Massenkultur endgültig überwunden wurde. Zugleich markiert die Postmoderne eine Verschiebung des Sozialen zum Kulturellen hin: Die Moderne wird nunmehr vorrangig in ihrer kulturellen Entwicklung untersucht, weniger in Hinblick auf Ökonomie und Gesellschaft.

Die Postmoderne »feiert« die Durchdringung des Alltagslebens durch die Ästhetik und die Erhebung der Alltagskultur über die Hochkultur. Euphorisch unterstützt und verteidigt sie die moderne Popkultur. Gesellschaft erscheint in der Postmoderne nur noch in kultureller Perspektive. Zudem bleibt die Reichweite dieses kulturellen Blicks eingeschränkt auf sehr kleine Segmente der Kultur, zumeist auf den Mainstream. Die Postmoderne hat das Zeitalter der Subkulturen, der subversiven Moden, der Revolten der Masse oder Menge verkündet, aber dass die Postmoderne so schnell und lautlos verschwand, obwohl sie so lärmend und furios auftrat, hat auch damit zu tun, dass sich kaum eine der Subkulturen, keine subversive Bewegung und auch nicht die Masse wirklich für die Postmoderne »interessierte«.

> Es gibt die Tendenz, den Postmoderne-Begriff »immer weiter nach hinten zu schieben: ... bald wird die Kategorie des Postmodernen bei Homer angelangt sein ... Ich glaube indessen, dass ›postmodern‹ keine zeitlich begrenzbare Strömung ist, sondern eine Geisteshaltung oder, genauer gesagt, eine Vorgehensweise, ein Kunstwollen. Man könnte geradezu sagen, dass jede Epoche ihre eigene Postmoderne hat, ... als metahistorische Kategorie.«
> Umberto Eco, ›Nachschrift zum »Namen der Rose«‹

Die kritische Schärfe, das radikale Potenzial, das sich in den ersten postmodernen Texten bei Fiedler oder Hassan findet, hatte sich schnell verflüchtigt: Die Postmoderne feiert die Massenkultur, den Pop, die Medien – aber theoretisch entfernte sie sich immer mehr von der konkreten Alltagspraxis; mit ihren Beispielen knüpfte die Postmoderne zunehmend ausgerechnet an die elitäre und isolierte Kunst der hochkulturellen Moderne an. Hinzu kommt, dass die postmoderne Theorie nicht wirklich neu ist: Die postmodernen Prinzipien von Ironie oder Kontingenz, das Erhabene und der Ästhetizismus, die Toleranz und die Verteidigung des Irrationalen hat es sogar schon vor der Moderne gegeben. Zudem erinnert die Postmoderne an abgeschwächte Varianten einer Selbstkritik der Moderne: Baudrillards These, dass die Wirklichkeit nur noch eine Kopie von Kopien ist, ist in der Tat selber eine Kopie: Seine Konzeption des Simulacrum findet sich bereits in Adornos und Horkheimers Kritik der Kulturindustrie, in Günther Anders' These, dass das Fernsehen die Welt in Phantom und Matrize verwandelt, schließlich dem situationistischen Befund Guy Debords einer »Gesellschaft des Spektakels«. – Und vielleicht ist ja eben auch die Postmoderne nur eine Simulation, eine sinn- und bedeutungslose Oberfläche, unter der sich nach wie vor die Moderne gefährlich, aber lebendig weiter ausbreitet.

> »Es gibt keine Alternative, als das Konzept Postmoderne für die Zukunft offen zu halten, obwohl Postmoderne selbst vielleicht schon der Geschichte angehört.«
>
> Ihab Hassan, ›Noch einmal. Die Postmoderne‹

Die Kritik an der Postmoderne lautet: Sie stellt die richtigen Fragen, verweist auf bedrohliche Probleme der Moderne, aber ihre Antworten bleiben falsch und ihre Lösungen reduziert. Was die Postmoderne zu leisten vermag, ist weitaus weniger, als ihr spitzfindiger Jargon verspricht. Insgesamt bleibt die Postmoderne in den Fallen hängen, die sie der Moderne stellen wollte. Sie läuft Gefahr, sich in ihrer Beliebigkeit und Unverbindlichkeit, in ihrer eigenen Diagnose der Oberflächen und der Simulation zu verstricken.

Spiderman vor den Trümmern der Moderne –
die Superhelden sind machtlos.

Literatur

Jean Baudrillard, ›Kool Killer oder Der Aufstand der Zeichen‹, Berlin 1978

Zygmunt Bauman, ›Moderne und Ambivalenz. Das Ende der Eindeutigkeit‹, Hamburg 1992

Zygmunt Bauman, ›Unbehagen in der Postmoderne‹, Hamburg 1999

Daniel Bell, ›Die nachindustrielle Gesellschaft‹, Frankfurt am Main, New York 1985

Seyla Benhabib, Judith Butler, Drucilla Cornell, Nancy Fraser, ›Der Streit um Differenz. Feminismus und Postmoderne in der Gegenwart‹, Frankfurt am Main 1993

Jonathan Bignell, ›Postmodern Media Culture‹, Edinburgh 2000

Judith Butler, ›Das Unbehagen der Geschlechter‹, Frankfurt am Main 1991.

Judith Butler, ›Körper von Gewicht. Die diskursiven Grenzen des Geschlechts‹, Berlin 1995

Christoph Conrad, Martina Kessel (Hg.), ›Geschichte schreiben in der Postmoderne. Beiträge zur aktuellen Diskussion‹, Stuttgart 1994

Jonathan Culler, ›Dekonstruktion. Derrida und die poststrukturalistische Literaturtheorie‹, Reinbek bei Hamburg 1988

Gilles Deleuze, Félix Guattari, ›Anti-Ödipus. Kapitalismus und Schizophrenie I‹, Frankfurt am Main 1977

Gilles Deleuze, Félix Guattari, ›Tausend Plateaus. Kapitalismus und Schizophrenie‹, Berlin 1992

Norman K. Denz, in: ›Images of Postmodern Society. Social Theory and Contemporary Cinema‹, Chicago (Illinois) 1991

Jacques Derrida, ›Grammatologie‹, Frankfurt am Main 1974

Jacques Derrida, ›Marx' Gespenster‹, Frankfurt am Main 1995

François Dosse, ›Geschichte des Strukturalismus‹ (2 Bände), Frankfurt am Main 1999

Terry Eagleton, ›Die Illusionen der Postmoderne. Ein Essay‹, Weimar und Stuttgart 1997

Umberto Eco, ›Nachschrift zum »Namen der Rose«‹, München 1986

Umberto Eco, ›Apokalyptiker und Integrierte. Zur kritischen Kritik der Massenkultur‹, Frankfurt am Main 1986

Cornelia Eichhorn, Sabine Grimm (Hg.), ›Gender Killer. Texte zu Feminismus und Politik‹, Berlin 1994

Peter Engelmann (Hg.), ›Postmoderne und Dekonstruktion‹, Stuttgart 1999

Amitai Etzioni, ›Die aktive Gesellschaft‹, Opladen 1975

Hal Foster, ›The Anti-Aesthetic: Essays on Postmodern Culture‹, Port Townsend WA. 1983

Michel Foucault, ›Die Ordnung der Dinge‹, Frankfurt am Main 1974

Michael Foucault, ›Die Geburt der Klinik. Eine Archäologie des ärztlichen Blicks‹, Frankfurt am Main, Berlin, Wien 1976

Michel Foucault, ›Überwachen und Strafen. Die Geburt des Gefängnisses‹, Frankfurt am Main 1989

Stuart Hall, ›Cultural Studies. Ein politisches Theorieprojekt. Ausgewählte Schriften Band 3‹, Hamburg 2000

Donna Haraway, ›Ein Manifest für Cyborgs. Feminismus im Streit mit den Technowissenschaften‹, in: Claus Pias, Joseph Vogl, Lorenz Engell et al., ›Kursbuch Medienkultur. Die maßgeblichen Theorien von Brecht bis Baudrillard‹, Stuttgart 1999, S. 464–471

Ihab Hassan, ›Joyce, Beckett und die post-moderne Imagination‹, in: Mayer, Hans; Johnson, Uwe (Hg.), ›Das Werk von Samuel Beckett. Berliner Colloquium‹, Frankfurt am Main 1975, S. 1–25

Jost Hermand, ›Pop international. Eine kritische Analyse‹, Frankfurt am Main 1971

Heidrun Hesse (Hg.), ›Der Tod der Moderne‹, Tübingen 1983

bell hooks, ›Black Looks Race and Representation‹, London 1992

Paulin J. Hountondji, ›Afrikanische Philosophie. Mythos und Realität‹, Berlin 1993

Andreas Huyssen, Klaus R. Scherpe (Hg.), ›Postmoderne. Zeichen eines kulturellen Wandels‹, Reinbek bei Hamburg 1986

Luce Irigaray, ›Das Geschlecht, das nicht eins ist‹, Berlin 1979

Fredric Jameson, ›Postmoderne – Zur Logik der Kultur im Spätkapitalismus‹, in: Andreas Huyssen, Klaus R. Scherpe (Hg.), ›Postmoderne. Zeichen eines kulturellen Wandels‹, Reinbek bei Hamburg 1986, S. 45–102

Fredric Jameson, ›Spätmarxismus. Adorno oder Die Beharrlichkeit der Dialektik‹, Hamburg, Berlin 1991

Charles Jencks, ›Die Sprache der postmodernen Architektur‹, Stuttgart 1980

Charles Jencks, ›Spätmoderne Architektur. Beiträge über die Transformation des internationalen Stils‹, Stuttgart 1981

Peter Kemper (Hg.), ›»Postmoderne« oder Der Kampf um die Zukunft. Die Kontroverse in Wissenschaft, Kunst und Gesellschaft‹, Frankfurt am Main 1988

Heinrich Klotz (Hg.), ›Revision der Moderne. Postmoderne Architektur 1960–1980‹, München 1984

Heinrich Klotz, ›Kunst im 20. Jahrhundert. Moderne · Postmoderne · Zweite Moderne‹, München 1994

Jean-François Lyotard, ›Das Patchwork der Minderheiten‹, Berlin 1977

Jean-François Lyotard, ›Das postmoderne Wissen‹, Wien 1986

Jean-François Lyotard, ›Der Widerstreit‹, München 1989

Linda J. Nicholsen (Hg.), ›Feminism / Postmodernism‹, New York, London 1990

Lutz Niethammer, ›Posthistoire. Ist die Geschichte zu Ende?‹, Reinbek bei Hamburg 1989

Heinz Paetzold, ›Profile der Ästhetik. Der Status von Kunst und Architektur in der Postmoderne‹, Wien 1990

Walter Reese-Schäfer, Bernhard H. F. Taureck (Hg.), ›Jean-François Lyotard‹, Cuxhaven 1990

Stefan Römer, ›Künstlerische Strategien des Fake. Kritik von Original und Fälschung‹, Köln 2001

Richard Rorty, ›Kontingenz, Ironie und Solidarität‹, Frankfurt am Main 1991

Günther Schiwy, ›Der französische Strukturalismus. Mode, Methode, Ideologie‹, Reinbek bei Hamburg 1978

Burghart Schmidt, ›Postmoderne – Strategien des Vergessens‹, Frankfurt am Main 1994

Roswitha Scholz, ›Das Geschlecht des Kapitalismus. Feministische Theorien und die postmoderne Metamorphose des Patriarchats‹, Bad Honnef 2000

Barry Smart, ›Postmodernity. Key Ideas‹, London, New York 1993

Susan Sontag, ›Kunst und Antikunst‹, München 1980

Robert A. M. Stern, ›Moderner Klassizismus‹, Stuttgart 1990

Ben Watson, ›Art, Class & Cleavage. Quantulumcunque Concerning Materialist Esthetix‹, London 1998

Albrecht Wellmer, ›Zur Dialektik von Moderne und Postmoderne. Vernunftkritik nach Adorno‹, Frankfurt am Main 1985

Wolfgang Welsch (Hg.), ›Wege aus der Moderne. Schlüsseltexte der Postmoderne-Diskussion‹, Weinheim 1988

eva wissen

Kopp, **Asyl**
Stollorz/Prüfer, **Bioethik**
Roloff, **Demographischer Faktor**
Nemeczek, **Documenta**
Oswald, **Europa**
Wagner, **Familienkultur**
Hirschmann, **Geheimdienste**
Schroedter, **Globalisierung**
Meschnig, **Markenmacht**
Metzger, **Islamismus**
Behrens, **Kritische Theorie**

Sienknecht, **Menschenrechte**
Luks, **Nachhaltigkeit**
Arns, **Netzkulturen**
Heitmann, **Neue Weltordnung**
Manzel, **Planet Erde**
Ernst, **Popliteratur**
Büsser, **Popmusik**
Behrens, **Postmoderne**
Manzel, **Relativitätstheorie**
Schuldt, **Systemtheorie**
Hirschmann, **Terrorismus**

Bildnachweise:
S. 58: Mit freundlicher Genehmigung Minoru Yamasaki; S. 87: Joe Michael Straczynski, John Romita Jr., The Amazing Spiderman, Nr. 36: »Stand Tall«, 2001

Bibliografische Information der Deutschen Nationalbibliothek
Die Deutsche Nationalbibliothek verzeichnet diese Publikation in der Deutschen Nationalbibliografie; detaillierte bibliografische Daten sind im Internet über http://dnb.d-nb.de abrufbar.

2., korr. Auflage © EVA | Europäische Verlagsanstalt, Hamburg 2008
© Europäische Verlagsanstalt | Sabine Groenewold Verlage, Hamburg 2004
Umschlag: projekt® / Barbara Hanke, Hamburg
Herstellung: Das Herstellungsbüro, Hamburg
Druck und Bindung: Fuldaer Verlagsanstalt, Fulda
Alle Rechte vorbehalten
Printed in Germany
ISBN 978-3-434-46237-6

Informationen zu unseren Verlagsprogrammen finden Sie
im Internet unter www.europaeische-verlagsanstalt.de